ファンキー末吉

中国ロックに捧げた半生

ファンキー末吉

リーブル出版

CONTENTS

ファンキー末吉
中国ロックに捧げた半生

STORY

1

中国ロックとの出合い

「居場所」を求めて

私が生まれたのは香川県坂出市、だが今は実家は高知市にある。母は高知県土佐市宇佐町福島の出身、父は神奈川県の出身だとばかり思っていたが、父の死をきっかけに家系についていろいろ調べてみたら、祖父は高知の公文家、なるほど親戚が高知ばかりなのもうなずける。

「県民性」というものがあるということは、まあ科学ではちゃんと立証されてはないだろうが、その風土とか気候とかで人間形成に少なからず影響を与えるだろうことは想像できる。ところが「土佐の血」という考え方をしたらそれは果たしてどうなのだろう……。

私の性格は生まれ育った香川県には何故か全く馴染めなかった。香川県の「県民性」は「人と同じことをするのが美徳」という風潮があり、目立ったことや変わったことをする人はこの街では明らかに浮いてしまう。しかし小さい頃からよく遊んでた高知の親戚や、その後にいっぱいできた高知の友人達は全く違っていた。

坂本龍馬の影響だろうか。

「あんなアホでも歴史に名を残したんだから、うちの息子がこんなにアホでもまあ何とかなるだろう」

とでも親が思っていたのか、それはそれは若かりし頃の高知の友人は皆破天荒で、人の目を気にしながら生きているような香川県の友人たちとは明らかに違っていて、私はいつもそれを羨ましく思っていた。

私はといえば後に東京に行って、まだ実家が香川県にある頃は私が香川県出身だというと、

「香川県の人ってファンキーな人が多いんだね」

と言われて大慌てで否定したが、実家が高知になってからは、

「高知の人って……」

といわれると私は笑いながら首を縦に振った。

私の性格が土佐人っぽいということが「土佐の血」によるものだとしたらそれはそれで非常にロマンチックな話である。

しかし現実には土佐弁もまるで喋れない私が土佐の人間になれるわけがない。それは後に北京に居を移してから「自分は日本人である」と思い知らされた感覚と似ている。

香川県にいても讃岐人っぽくない私は「居場所」がなかったし、高知にいても所詮は讃岐人である私にはやは

幼少期の著者（左）

り「居場所」がなかった。

神戸の大学に進学し、そこを新天地にしようと思ったがやはりあまり馴染めなかった。大きな原因は「言葉」である。土佐の方言は明らかに関西弁とはまるで違うのでよいが、讃岐の方言は比較的関西弁に近いので、神戸の人間には「訛り」に聞こえるらしい。

その後、初恋の人に振られたことがきっかけで大学をやめて家出をする。

「家出をする」ということは讃岐ではそれはそれは大変なことであったが、土佐の友人や親戚の何人かは家出同然で行方不明になっていたので、私も何も考えずに家出をして東京に飛び出して行った。

そこにも「言葉の壁」は大きかった。東京弁を喋っている自分はあまりに自分でイメージできないので、一生懸命「関西弁」に同化して今に至る。この辺は讃岐弁は土佐弁より関西弁に近い言語だからまだ楽だ。

ところがやはり東京にも私の「居場所」はなかった。特に運命が私を放り込んだ「芸能界」という世界はまるで馴染めなかった。そして私は日本という国を飛び越えて中国に渡ることになる。そこで見つけた「居場所」が「ロック」であった。

中国だけが私が私らしく暮らせる場所になった。ところがどれだけ「中国人っぽい人間」であってもやはり自分は「日本人」なのである。

そして北朝鮮へ……。

私の旅の歴史は「土佐の血を持って讃岐で生まれた人間」の「アイデンティティーを探す旅」なのかも知れない。

中国との出合い

私が生まれた年に両親は香川県坂出市で中華料理屋を始めた。私はその3階で産婆さんによってこの世に生を受け、その後高校を卒業するまでその中華料理屋の3階で暮らしたわけだが、別段両親が中国好きとかだったわけでもなく、その後中国とは何の縁もなく過ごした。

何か縁があったとすればそれはむしろ最初に海外に行ったのが香港だったというぐらいではなかろうか……。

1984年、バンドブームの波に乗ってデビューした爆風スランプは、その後に続く米米クラブ、聖飢魔Ⅱ、等レコード会社からは「面白系バンド」というくくりの先駆けとして、レコード会社は何か面白い企画はまず爆風スランプにやらせてみてからそれを次の指針にしようという流れの中、「ロックバンドはとかくアメリカだイギリスだ、じゃなくアジアも面白いのではないか」ということから爆風スランプのアジアツアーを組んだ。

爆風スランプの
デビューアルバム『よい』

初めての海外、西遊記の格好をして九龍《クーロン》の山の中で撮影している時、「この山の向こうには中国という暗黒大陸があるんだな」と漠然と思い、まるで真夜中の真っ黒の海に吸い込まれそうになるような感覚を覚えた。実際その頃の中国は日本とは国交正常化してはいたものの、文化大革命の終焉から10年も経っておらず、今の中国のような社会主義市場経済もまだまだ根付いていない頃であり、暗黒大陸というイメージも色濃く残していた。

ちょうど時を同じくして中国にオリジナルのロック音楽が誕生する。外国人留学生達と、文化大革命が終わってから一気に中国に流れ込んできたビートルズなど西欧のロックを演奏していた崔健《ツイ・ジエン》という若者が一无所有《イーウースオヨウ》（何も所有していない）というオリジナル曲を発表したのが中国ロックの幕開けだったといわれている。

その曲は１９８９年に起こった天安門事件の時に学生達に愛唱されたこともあり、西欧のメディアは崔健《ツイ・ジエン》のことをこぞって「反体制の旗手」として紹介したことにより、彼とそれに続く中国のロックバンド達はすべて国内での不自由な活動を強いられることとなった。

私はといえば政治に何の興味もないロック馬鹿だったので、早稲田の学祭に爆風スランプで出演した時に、学生達が「天安門事件を忘れるな!!」という文字が浮き出る仕掛け花火を演出で用意して燃やした時も、天安門事件が何なのかすら知らなかった。

そんな私が初めて中国に行き、当時アンダーグラウンドの活動を余儀なくされていた中国のロックミュージシャンと出会うのは1990年のこと。それは知り合いが針治療に中国に行くという他愛ないきっかけであった。

当時爆風スランプはRunner、リゾラバ等のヒット曲を連発し、「国民的ロックバンド」などと称される時代であったが、私は漠然とそんな状況に不満を抱いていた。

もともとは四国の片田舎で最初に聞いた洋楽のロックに衝撃を受け、「このスピーカーの向こうで演奏している人達は神様だ!! 俺もそんな神様になりたい!!」と思って東京に出て行ったところが、何の運命のいたずらか、バブルの日本、バンドブームは私を「街を歩けば振り返る芸能人」にしてしまったのだ。

所属事務所は芸能界で疲弊し切っている私達に「世界中のどこでもいい、見てきて何か刺激をもらってこい」といって2カ月間の休暇を与え、私は単に他のメンバーが行かない国という理由で、そして最初に行った外国でのあの印象……「暗黒大陸」に渡ってみたいということで中国を選んだ。

それだけのきっかけが私の人生を大きく変えたのだ。

ロックを見るのも命がけ

私が生まれて初めて中国に降り立ったのは1990年5月のこと。

今と違ってノービザで行けるほど簡単ではなかったが、旅行会社に頼めば1回だけ有効な旅行ビザを発給してくれた。

今の北朝鮮のように、入国したら必ず案内人（という名の監視員?・）と必ず行動を共にしなければならないという時代は中国では既に終わりを告げ、外国人に対して開放されていない地区以外は自由に出歩くことができたので、私は別段何不自由のない個人旅行が楽しめた。

政治のことが全く分からない私は漠然と、

「資本主義国」というのは「自由」

「社会主義国」というのは「平等」

ぐらいのことと思っていたので初めて見る中国はとても理解に苦しんだ。物乞いはいるし、「平等」というには程遠い社会ではあるまいか……。その上ひょっとして「自由」までないとしたらこんなバカな社会なんてないぞ……。

しかし人民たちは決して「虐げられている」というイメージではなく、「貧しいけれども楽しく」暮らしているように見えた。数年後からは世界が注目するほどの経済発展を遂げるわけだが、この時代にはまだその予兆が見える程度である。

私が一番不思議に思ったのは、街を歩く人民の中に長髪の若者がいないことである。革ジャンやロックファッションに身を包む若者も一人としていなかった。当時中国語を喋れなかった私は会う人会う人に英語で「ロックはありませんか?」と聞いたが、すべて答えは「没有《メイヨウ》(ありません)」だった。

「ロックがない国なんかあるのか?……」

それが私の一番気になったところである。そりゃ私が四国の片田舎でロックに目覚めた時も、レコード店にはまだ「ロック」というコーナーはなく、並んでいたのは演歌と歌謡曲、そして「ニューミュージック」と呼ばれる当時一番新しいとされていた音楽のみであったが、決して「ない」というわけではなかった。当時「エレキ=不良」ではあったけれども、エレキをやっている若者はいたし、苦労はしたけれどもロックのレコードを手に入れることもできた。それがない国なんて果たしてあり得るのだろうか……。


旅も最終日となり、私はあきらめていつも食事をしていたホテルのレストランのボーイにこう言った。

「君たち若者がいつも遊んでいるところに連れて行ってくれ」

ボーイはちょっと困ったような顔をしたが、じゃあということで連れて行ってくれることになった。ただ仕事が終わった後にホテルの外でこっそり待ち合わせをしようと言う。当時の中国ではホテルのボーイが客と、しかも外国人と親しくなることはそんなに歓迎されることではなかったのだ。

ボーイに連れて行かれたのは「音楽茶座」。何てことはないカラオケパブのようなものである。大きなスクリーンには当時流行っていたマドンナのPVなども流れていたが、ちょっとセクシーなシーンにはすべてぼかしが入るか乱暴にそこだけがカットされていた。

私はロックを探すのはあきらめて飲み始めたのだが、ふと見るとそこのウェイターが白いTシャツの袖を切ってノースリーブにして着ている。「ロック」といえないことはない。私はいつものように英語で「ロックはあるか?」と聞いてみた。

すると彼が答えるより早く、従業員控え室のようなところから出てきた若者がこう叫んだ。

「Oh!! Do you wanna Rock'n Roll?」

坊主頭に同じくTシャツの袖を切った出で立ちは「パンクス」と呼べなくもない。

彼は捲し立てるように私に下手な英語でこう言う。

「今からロックパーティーがある。俺はこいつの仕事が終わるのを待って一緒に行くんだ。ロックバンドが4つ出る。お前も行くか?」

ホテルのボーイは大慌てで私を止めた。

「やつらは不良だ。そんな危険なところに行ってはいけない」

私は急に恐ろしくなった。行くべきかやめるべきか……そこが人生の大きな岐路であった。

地下クラブ

現在では中国でも自由にロックを演奏することはできる。だが1990年の中国はそんな状況ではなかった。

それは一週間の中国の滞在で一度も街中で長髪の若者を見かけなかったということや、革ジャンやピアス等ロックファッションの若者が皆無であったことから私には大体想像はついていたのだが、いざこうして

「今からロックパーティーがある。一緒に見に行くか」

と言われたら、その状況からのギャップがあまりにも大きいためにまず大きな不安感が身体中を駆け抜ける。

そして隣に座ったホテルのボーイに、

「せっかく友達になれたんじゃないか。お前をどうしてそんな危険なところに行かせることができようか……」

と涙まで流して止められたら、それはもう「不安感」を通り越して「恐怖感」になる。

私は日本から一緒に来た仲間に、

「パーティーは4時に終わると言うから、5時までに帰ってこなかったら大使館に連絡してくれ」

と言ってパスポートと現金を置いて席を立った。

「この国でロックを見に行くということは命がけなんだな」

私は覚悟を決めたが、乗せられたタクシーの中ではもう気が気でない。

「俺はこのままマフィアの巣窟にでも連れて行かれてどっかに売り飛ばされてしまうんではないか……」

そんな考えが頭から離れない。

どれぐらいの時間タクシーに揺られただろう……実際は5分ぐらいだろうが、私にはとてつもなく長い時間に感じて、タクシーから降りた時には軽く足が震えていた。

降り立ったところは二階建てのビルの前で、そこには数人の不良っぽい若者がたむろしていた。二階に上がる階段の前ではテーブルを出してチケットの「もぎり」のような若者もいたが、不良はちょっとだけ挨拶をして金も払わずに上がろうとしたので、私はポケットに一枚だけ入れていた百元札を不良に渡した。

不良はそれを突っ返して、

「金なんか要らない。みんな友達だから」

と言ってどんどん階段を昇っていく。

しかし私は足がすくんでついて行けない。不良は立ち止まって私に向かって叫んだ。

「おい、行くのか行かないのか!!」

「行く」か「行かない」なら「行く」しかないので、「このまま引き返して帰る」という考えを命がけで押し戻して階段を上がった。

自分の性格からして、このまま帰ってしまったら絶対に一生後悔するのだ。同じ後悔するなら危ない目にでもあって後悔した方がまだましだ。

やっとの思いで不良の待つ階段の一番上まで昇ったら、不良は入り口の扉を開けて中にずんずんと進んで行った。

私はすくむ足を引きずるような思いで後に続いた。

「このドアの向こうにはステージがあって、そこでは飛び切りの不良どもがロックをやっているんだ……」

そう思って中に入ってみると、そこは何のへんてつもないレストランで、何組かの中国人がテーブルを囲んで食事をしていた。

ここで私の「不安感」は完全に「恐怖感」へと変化した。中にずんずんと進む不良の背中を見ながら私はついに立ち止まった。

「こんなところでロック?……絶対におかしい!! 奥にはきっとマフィアのボスがいて、俺はそこに連れて行かれて売られてしまうんだ……」

そんな考えが頭から離れない。

中国人が食事をしている大部屋の奥にもうひとつ扉があり、不良はその扉を開けようとして私がついてこないことに気付いた。また後ろを向いて今度は怒りの表情と共にジェスチャーで同じように私に言う。

「おい、来るのか来ないのか!?」

私は覚悟を決めてその扉をくぐった。

そこには一番奥にステージがあり、長髪の若者数人が歪んだギターの音でまぎれもなく「ロック」を演奏していた。

》俺は日本でナンバーワンのドラマーだ!

私が初めてロックを聞いたのは16歳の頃。レッドツェッペリンやディープパープルなどのレコード盤を、それこそ擦り切れるまで聞いた。

目を閉じれば、そのプレイヤー達がふたつのオーディオスピーカーの間で実際に演奏しているような錯覚に陥る。私はそんなスピーカーの向こうのプレイヤー達を「この人たちは人間じゃない。神様だ!!」と思い、「俺もいつかそんな神様になりたい」と強く思うようになった。

それが私の最初の「夢」である。

家出して東京に行き、アルバイトをしながらバンドを組んで、コンテストに出てグランプリを取って、レコードを出して武道館コンサートをし、Runner、リゾラバなどヒット曲を出してテレビに出る。そうなるまでに10年もかからなかった。

しかし「夢が実現した」という実感は私にはない。ただがむしゃらに突っ走ってきただけである。

「夢」は形を変えた。アマチュアの頃はバイトに追われ、「プロにさえなれば一日中音楽だけやってられる」と思っていたら、いざそうなってみれば取材だテレビだラジオだと、ヘタしたらアマチュアの時よりも音楽をやる時間なんてありゃしない。「何かが間違っている」そう感じながらもその「何か」が何なのかがわからない。ただ出口の見えないトンネルを全速力で突っ走っているような感覚である。

10代のアマチュア時代の頃

しかしこの日中国で、長髪の若者さえ見かけることのなかった当時の中国で、「そんな危険なところに行ってはいけない」と止められながら、死を覚悟しながら飛び込んだ地下クラブで、やっと探し当てたロックを演《や》る若者達……彼らが演奏している稚拙だけれども何か心を打つ荒削りなロックを聞きながら、血が逆流するような興奮と共にそれまでの自分の人生が走馬灯のように思い出されてきた。

「俺は何をやっていたんだ……」

彼らのロックには自分が、いや日本がもう失ってしまった「何か」があった。そしてその「何か」は自分は確かに昔は持っていたものなのだ。


彼らの演奏が終わっても私はしばらく呆然としていた。はっと我に帰った時にはもう彼らはステージを降りていて、会場にはディスコミュージックが流れて西欧人や中国人がそのリズムに身体をまかせている。

私は私をここに連れて来た不良を捕まえて興奮しながらこう聞いた。

「バックステージはどこだ!?」

ところがお互い拙い英語でコミュニケーションを取っているので会話が通じない。「バックステージ」という言葉が彼にはわからないのだ。

「ええい、お前は役に立たん!! バックステージというのは得てしてこういうところにあるんだ!!」

私がステージ横のドアに向かうのをその不良は止めたが、私はそれを振り切ってそのドアを開けた。

そのドアの向こうはバックステージどころか厨房で、料理を作っている中国人が一斉に私の方を見た。

私はバタンとドアを閉めてまたその不良に捲し立てた。

「バックステージはどこなんだ!?」

不良は大げさにお手上げのポーズをしながら、

「だからそんなものはないと言っているだろ!!」

とお互い眉間にシワを寄せながらそんなやり取りをしているうちに、私は客席の中に先ほどまで演奏していたバンドのメンバーを見つけた。

「おうっ!! あれはさっきのバンドのメンバーじゃないか!!」

止める不良の手を振り切って私はそのメンバーのところに走って行った。

「おい、お前はさっき演奏していたメンバーだろ?」

拙い英語でそう聞くのだが、あいにく彼には全然通じない。私はこの会場のBGMがうるさすぎて聞こえないのだろうと思って、

「表に出て静かなところで話そう!!」

と言うのだが、興奮した私の表情がよほど恐いのか、彼は頑として外に出ようとしない。通じない英語で大声でやり取りしていたら人だかりができた。恐らくメンバーが外国人にからまれてるように見えたのだろう、大柄の中国人が現れて私とメンバーの間に立ちはだかった。

「こいつに何の用だ。ことと次第によっちゃ俺が容赦しない」

そう言わんばかりにメンバーを背にかばいながら私をきりりと睨む。

私は大きな声でこう叫んだ。

「俺は日本でナンバーワンのドラマーだ!! 彼らとセッションをしたい!! 俺にドラムを叩かせろ!!」

ファッキンガバメントはロックを恐れている

場がだんだん殺気立ってきたが私は続けた。

「俺は日本でナンバーワンのドラマーだ!! ドラムを叩かせろ!!」

しかし彼らには英語が全く通じない。いや私の英語力も怪しいものだからよけいに全くコミュニケーションが取れない。コミュニケーションが取れないとますます場が殺気立って来るという悪循環の中、野次馬の中からひとりの若者が名乗り出てきた。

「僕はようちゃん、カラオケ屋でバイトしてます。日本語少し喋れます」

私は小躍りした。このままお互いがほとんど喋れない英語でコミュニケーションしようとしても、埒が明かないどころかヘタしたら本当に殴り合いのケンカが始まってしまう。

「それはいい!! 通訳してくれ!!」

ところが彼が日本語で通訳をしてくれてもまたこれが埒が明かない。

「ドラムを叩かせろ!」と言えば「じゃあどうぞ今からご自由に」とくるし、「違う! 一緒に演奏するんだ」と言えば「今会ったばかりだから一緒に演奏はできない」と言う。「違う違う！　音楽の世界にはジャムセッションというのがあってなあ」と説明しても「ジャムセッションわからない」で終わってしまうのだ。

結局最後には

「一緒に音楽をやるのは無理ですが友達になるならいいですよ」

というところに落ち着いた。

ミュージシャン同士、一緒に音さえ出せばどんなコミュニケーションよりも分かり合えるのに残念だが仕方ない。私達は会場を出て、外のテーブル席に座った。その時に唯一英語が喋れる人間としてずーっと私とコミュニケーションを取ったのが、今ではその時から一番の親友となっているキーボードの「栾樹《ルアン・シュー》」である。

彼は英語が達者なので、いろんな話ができた。だが彼らがプロなのかアマチュアなのか、何で食ってるのかなどの質問に関しては全く答えが要領を得なかった。

質問をもっと分かりやすく直接的に変えてみる。

「お前達のレコードはレコードショップなんかで手に入れることはできるのか?」

この質問に彼らは大声で笑ってこう答えた。

「ロックのレコードを中国で発売できるわけがないじゃないか」

きょとんとする私に彼は顔を近づけてきて小声で、しかも怒気を込めて力強くこう言った。

「ファッキンガバメントはロックを恐れてる。だから俺たちはロックを聞くことも自由に演奏することもできないんだ!!」

私はこの言葉に完全にノックアウトされた。高校の頃香川県の片田舎でロックを始めた時もそりゃ「エレキは不良のやるもの」という風潮はあった。でも国家がそれを許さないという世界が実際に存在するんだ。そしてそんな中でもロックをやっている若者が本当にいたんだ。


自分が日本でやっていることは一体何だったんだ……。

私は何度も何度も自問自答した。ギターも弾けないアイドルが格好だけギターを下げてロックを気取っている芸能界、ろくに演奏もできないくせにロックを気取ってるバンド界、どれも私が初めて持った「夢」とは大きくかけ離れている。

私は何をやりたかったのか……自分を見つける旅はここから始まった。

≫パンクロッカー「張楚《ジャン・チュー》」

彼らがプロなのかアマチュアなのかという質問を「他に仕事をしているのか？」という質問に変えてみようと思い、

「毎日どんな生活を送ってるんだ？」

と聞いてみたら意外な答えが返ってきた。

「明日は日曜日だから休み、月曜日から金曜日までは練習、土曜日は時々こんなパーティーがある」

この答えで彼らが音楽以外の仕事をしていないことがわかったことよりも、私は彼らのリハーサルしているところにいけばセッションができるぞと思い立った。

私はその場で帰りのチケットを破り捨ててリハーサルに参加することにした。このエピソードは今の中国ロック界では伝説になっている。

さて、リハーサルは翌々日なので、翌日は私をその地下クラブに連れて行ってくれた不良と会う約束をした。

彼は時間通りに伝えていた宿泊先のホテルの私の部屋にやってきた。私たちはホテルの部屋の中で車座になって昼からビールを飲みながらいろんな話をした。

中国ロック界の大御所
「張楚（ジャン・チュー）」

ただの不良だと思っていたら彼は実は「张楚《ジャン・チュー》」というシンガーソングライターで、後に台湾のレコード会社からデビューアルバムが発売されて一時代を築く中国ロック界の大御所となるのだが、この時点ではまだ駆け出しのパンクロッカーである。

彼はアコースティックギターを持ってきて私のホテルの部屋で彼の曲を歌ってくれた。

「マーイーマーイーマーイーマーイーホアンチョンダーダートゥェイ」

歌い終わったら彼はその歌詞の意味を説明してくれる。

「マーイーというのは蟻という意味さ。ダートゥェイというのは大きな足のこと。俺たち中国人はファッキンガバメントによって蟻のように踏みつぶされてしまうんだ」

そしてこのサビの歌詞は最後には

「マービーマービーマービーマービーニーマーマーディビー」

となる。つまり「ファックユアマザー」という意味らしい。

「こんな歌を歌って許されるのか？」

私はびっくりして彼に真顔で聞いた。

「ファッキンガバメントが許すわけないだろ」

彼は笑いながらそう答えた。そりゃそうだ……私は「パンクス」と自称する彼のあどけない顔を見ながら変なことを考えついた。

「お前の歌をもし外国人である俺が歌ったら？　ファッキンガバメントは俺を殺しに来るか？」

あまりに突拍子もない考えだったのか、彼は考え込んでしまった。

「何か危害を加えるかも知れないが、意外と大丈夫かも知れない……」

私は膝を叩いて立ち上がった。

「よし!!　街角でお前の歌を歌ってやる!!」

日本では原宿のホコ天が賑わっていた時代である。中国でやって何が悪い!!　最初はそんな軽い気持ちだった。

「どこで歌えばいい？」

北京の街の名前など知らない私は軽く彼にそう聞いたのだが、ずーっと考え込んでいた彼は頭を上げて私にゆっくりとこう言った。

「ティエンアンメンスクエア!!」

1年前の1989年6月4日、広場に集まった学生達をファッキンガバメントが虐殺したといわれる場所……その場所で歌ってくれと言うのだ。

私は「冗談じゃない」と思ったが、彼の純朴な表情を見ているともう今さら後には引けな

天安門広場

い。

「反体制のシンボル」ともいえるギターを背負って私は長安街を歩いた。怖くて足がすくんだが、ちょっと後ろから私の後をついて来ている彼の手前、今さら後には引けない。

広場の入り口で彼のところに行って別れを告げた。

「もうここからはお互い知らない他人同士だ。もし俺に何かあったらお前だけは逃げろ。無事だったとしても声をかけずにホテルの部屋で集合しようじゃないか」

念のため外国人だと分かるように胸のポケットにそれと分かるようにパスポートを入れ、ギターを抱いて広場に入った。しかし恐怖で声は出ない。こちらを見る女性は皆「密告おばさん」に見えるし、男性は皆「私服警察」に見える。

しばらくギターだけを爪弾きながら広場の中へと進み、まだ生々しい戦車のキャタピラ跡や銃弾の跡がある人民英雄記念碑の横に座り込んだ。さりげなく隣に男性が座った。私服警察だったのかも知れないし、ただの観光客だったのかも知れない。遠巻きに张楚《ジャン・チュー》がこちらを見ていた。

歌わねば……そう思ったが恐怖で声が出ない。声の代わりに涙が出てきた。

「ちくしょうめ!! 歌を歌うだけでこれだけ怖いのか!! 安全であろう外国人だってこれだ

け怖いんだぞ!! そんなところでこいつらはロックをやっているのか!!」

結局歌なんか歌えず、私はギターを抱えて号泣した。

ロックバンド「黒豹《ヘイバオ》」

翌日は地下クラブで会ったロックバンドのリハーサル会場を訪れた。

彼らは結成したばかりのバンドだと聞いた。名を「黒豹《ヘイバオ》」という。

貸しスタジオなどなかった当時の北京で、彼らは大学のひとつの教室を借りて、そこに機材を持ち込んで練習をしていた。機材はお世辞にもいいものが揃っているとは言い難いが、ドラムやアンプ、簡単なボーカルアンプなどすべて揃っていた。

彼らの練習が始まった。私はとりあえずは見学である。紙と鉛筆を持って彼らの曲をその場で譜面にしていった。そんなに難しい曲でなければ一度聞いた曲はメモさえしておけばすぐに叩くことができる。

後に彼らのデビューアルバムに収録され、後に中国人なら誰もが知ることとなる彼らのオリジナル曲を何曲か練習した後に休憩となり、「じゃあドラム叩いてみれば」ということになった。

そもそもが彼らは私がプロのドラマーであることすら信用していないのだ。ただ観光旅行でふらっと北京にやって来た旅行者が趣味でドラムでも叩いているのだろう、ぐらいにしか思っていない。

「ドラムさえ叩けば何とかなる」

私は渾身の思いでドラムを叩いた。そうすると案の定全員が顔色を変えて拍手喝采である。

「お前は何者なんだ?」

そう聞く彼らに、私は思いっ切りカッコつけてこう言った。

「だから日本でナンバーワンのドラマーだって言っただろ」

彼らの曲を一緒に演奏した。彼らの曲を一度聞いただけでほぼ完璧に叩けたということは、今では中国のロック界では伝説となっている。

それから日本に帰っても彼らのことばかり考えていて「心ここにあらず」で過ごした。会う人会う人に中国のことを話し、酒を飲めばロック面しているヤツらには「お前ら、それでもロックをやっているつもりか!」と絡むのだから、私は次第に日本で孤立していった。孤立すればするほど彼らのことが恋しくなり、1カ月後の6月4日、奇しくも天安門事件のちょうど1年後のその日に黒豹《ヘイバオ》が天津でライブをやるというので、私はまたビザを取って中国に飛んだ。

放送局はすべて国営放送なのでロックを流すことなど当時の中国ではあり得なかったことであったが、天津電視台だけはロックに寛容な唯一のテレビ局で、自ら主催のイベントに北京からいくつかのロックバンドを出演させていた。首都である北京では不可能でも、地方局ではある程度融通がきくのだと後に聞いた。

前の日に天津に着いた私は彼らの泊まっている招待所に向かった。ホテルというよりは大部屋の簡単な宿泊施設のようなものである。

後に中国のロックの大御所となるバンド達と

彼らは同じく北京から一緒に来たバンド達を紹介してくれた。

「お前ら以外に中国にロックバンドがあったのか？」

「あるともさ。全部で8つある」

その8つのバンドは中国ロックを築き上げた「老揺滾《ラオヤオグン》（ロックの大御所）」としてほとんどが今も活動している。私はこの時に彼らと酒を飲み交わしたことにより、北京中のほぼすべてのロッカー達と朋友《ポンヨウ》となったのだ。

「明日はステージでドラムを叩いてくれ」ということになり、中国で彼らと一緒にステージに立てるなんてと小躍りしていたが、当日になって天津体育館に入る頃になると彼らの中にも緊張感が生まれてきた。

「ファンキー、中に入ったら決して口を開くんじゃない!!」

何故？　と不思議がる私に彼らは小声でこう言った。

「だって外国人だとバレたらどんな目に合うかわかんないだろ」

初めて地下クラブに入った時、天安門広場で歌を歌おうとした時、そして天津体育館でドラムを叩く時、中国でロックをやるのは文字通り「命がけ」の時代だったのだ。

≫立ち上がったら逮捕される！

天津体育館は満席であった。

ステージの作り方は日本などで見る客席の一部を潰して作る片面ステージではなく、アリーナ席のど真ん中にステージを作る円形ステージである。

「会場に入ったら口を開くな。外国人だとばれたらどんな目に遭うやらわからない」とは言われていたが、そうでなくてもチャラチャラできるような状態ではない。なにせ警備員はすべて人民解放軍なのだ。物々しい軍隊の制服を着て一糸乱れぬ動きで整列などやられたら、本当に「どんな目に遭うやらわからない」という気持ちになる。

控え室は体育用具などを置く部屋をひとつ北京から来たバンドに与えられた。その中に入るとさすがにほっとしたが、前日酒を飲み交わしたバンドの連中以外の人間が部屋にいる場合は私は頑に口を閉ざした。

コンサートは流行歌手などと一緒のオムニバスイベントのようだ。控え室の外に出てステージを見たかったのだが、やはり「見つかったら」と思うと怖くて出られない。

いくつかの演目が終わって黒豹《ヘイバオ》の出番となった。私は緊張してステージに上がった。彼らがステージに上がった途端に客席から大きな歓声が上がった。レコードも出していないアンダーグラウンドバンドが隣町でこんなに有名なのか?……不思議な感覚にとらわれたが、それよりも今からドラムを叩く興奮の方が勝っていた。

セッティングが終わり、ボーカルの窦唯《ドウ・ウェイ》がメンバー紹介を始めた。ギター、ベース、キーボードと紹介して、最後に私を「ファンキー」と紹介した。

「ファンキーなどと紹介したら外国人とバレて大変な目に遭いやしないか」

という考えも一瞬頭をかすめたが、それよりもロックをやってはいけない国でロックをやっている興奮の方が勝っていた。

渾身の力で短いドラムソロを叩いてポーズを決めると、客席が「どよどよ」と揺れた。全身の血が逆流するような興奮が身を包んだ。

コンサートが始まった。彼らの曲を観客はみんな知っていて大合唱をしているように見える。レコードを出すことも許されない彼らの曲を、どうして隣町の観客がみんな知っているのか不思議だった。きっとロックも既にアンダーグラウンドで全中国に広まりつつあったということだろう。

数曲演奏したが、最後の曲ではドラムソロを入れてもらっている。外国人とバレたらどんな目に遭うやらわからない異国の地でドラムを叩くんだったら、どうせなら思う存分ドラムソロを叩いてからどうにでもしてほしい。

いつもドラムソロを叩くときは目をつぶるのだが、ソロが始まると今までに聞いたことがないような観客のどよめきが聞こえてきた。日本でコンサートをやって聞くことのなかった種類の歓声である。

日本では爆風スランプは既に有名で、どんな音楽をやろうがそこにさえいれば日本のオーディエンスはそれで満足だった。ファンキー末吉は別にドラムを叩かなくたって有名人であればそれでよかった。
しかしここ中国では違う。中国人が誰も知らないひとりのドラマーがもの凄いソロをやっている。観客はそれだけで大興奮なのだ。
「もう死んでもいい。殺すなら殺せ!!」

そんな気持ちでドラムソロを叩き終えた。

もの凄い歓声の中、目を開けたら唖然とした。満杯の客は全員総立ちになっているだろうと思ったら誰ひとり立ち上がっていないのである。

「あの地響きのような歓声は一体何だったんだろう」

狐につつまれたような気持ちで曲の後半を叩き終え、ステージを降りる時にもまた同じような歓声が聞こえた。狐につつまれてなんかない。あの歓声は本当だったんだ。

しかし誰ひとりとして立ち上がっている観客はいない……。

後に「立ち上がったら逮捕される」そんな時代だったと聞いた。

「ファンキー！　ファンキー!!」

満場の客がいつまでも私の名を呼び続けていた。

≫Someday your dreams come true.

彼らの泊まる招待所に戻って来てやっと緊張感から解放されて心が落ち着いた頃、出演バンドのみんなと宴会が始まった。北京じゅうのロッカーがここに集まっている。どれもこれもみんな曰く付きだ。

呼吸《フーシー》というバンドの女性ボーカル蔚华《ウェイ・ホア》は、中央電視台のニュース番組で英語でニュースを読む仕事をしていたという。

「今もその仕事やってんの？」

そう聞いた時に彼女は笑いながらこう言った。

「やめたわよ。いや、やめさせられた、かな？」

そして声を細めてこう言った。

「天安門事件の報道を読む時にやってられなくなっちゃったの。だって渡された原稿はウソばっかりなんだもん」

天安門事件……奇しくもちょうど1年前の今日、１９８９年6月4日に天安門広場に集まった学生達を中国政府は軍隊を使って虐殺した……と日本では伝えられている……。

しかし彼らが天安門事件に関して話す時には何かそんなニュアンスとはちょっと違っていた。確かに「天安門《ティエンアンメン》」という言葉を使う時は声を細めるが、凄惨なイメージというよりは「仕方ない」という感じで笑顔さえ見せる。ただその瞳の奥には深い悲しみが覗くような気がする。

ここは中国、日本のように自由に政治批判ができる国ではない。みんな腹に何かを持っても決してそれを外には出さない。そうしなければ生きていけない国なのだ。

宴がたけなわになってくるとどんな国でも必ず酔っ払ってうだを巻く輩が必ずいる。黒豹《ヘイバオ》のキーボード栾树《ルアン・シュー》は特に酒癖が悪いようだ。

私が「中国ではやっぱハードロックが流行ってるの？」と聞いた時に、酔っ払った彼がテーブルを叩いて立ち上がった。

「そうさ。中国人は怒《いか》れる民なんだ。だから大きな音の音楽を好む!!」

それから政治の話に移ろうとしたのだろうか、周りの人間がそれを止めた。

みんなにたしなめられて椅子に座った彼は、残っている酒を一気に飲み干して、私に向かってこう言った。

「ファンキー、アイラブユー！　俺たちはみんなお前のことを愛している」

そしてこう続けた。

「日本に帰るのか？　中国に残って一緒にバンドをやろう!!　黒豹《ヘイバオ》のドラマーとしてずーっとドラムを叩いてくれ」

気持ちは即答で「Yes」と言いたいのだが、日本にいる爆風スランプのメンバーの顔や、事務所のマネージャーの顔がとっさに思い出されてきて、いろんな思いがそれを止めた。

代わりに私はひとつの言葉を彼にプレゼントした。

「Someday your dreams come true」

しかしその言葉は彼らに対してではなく、その後自分の心の中に大きくのしかかってきた。

「どう考えたって、この国でロックなんかやっていたって、こいつらの夢なんかかなうわけはないんだ。こんな言葉、気休めでしかないんじゃないのか?」

それからずーっと自問自答にさいなまれた。

「本当にそう思うんだったら、あの時中国に残って彼らと一緒にロックをやればよかったんだ!!」

どうして自分は中国に残らなかったのだろう……命をかけてロックをやったって、この国は変わりやしない。本物のロックじゃなくても日本で今まで通りやっていた方が「楽」だ、自分はそんなずるい「打算」で動いたのではないのか?

いや、私だけではない。誰しもが夢にも思わなかった。このバンドが数年後には中国の何十万人のスタジアムを満杯にするバンドになるなんてことは……。

≫我想他《ウォーシアンター》

天安門事件という大きな政治的リスクを回避して中国から一時撤退した企業が中国に戻りつつある流れに乗って、日本で95年頃からピークを迎える「アジアブーム」の予兆は、この90年終わり91年初頭の頃から日本の音楽界の中にも表れつつあった。

あれから北京の黒豹《ヘイバオ》達とは手紙などでやり取りしていたのだが、その中で「桑田圭祐って誰なんだ?」と言われて愕然となった。あれだけ私が熱くなって「中国でロックを見つけた」と北京からFAXを送ったり、帰ってからその話をどれだけ熱く語っても相手にすらしなかった所属事務所は、今度は鳴り物入りで同じ所属事務所のトップアーティストである桑田圭祐を北京に連れて行って、彼らとの交流の物語を次発売するレコードのプロモーションに使おうとしていたのだ。

当然ながら桑田さんクラスになるとコーディネーターをつけた大名ツアーである。連れて行った雑誌社などは桑田さんがこの国で初めてロックを見つけたという姿をレポートしたかったのだろう……。ところが出会うロッカー達すべてが日本人と聞くと「ファンキーを知っているか?」とキラキラしながら言う。取材陣はもういい加減うんざりである。

「あまりファンキーさんの話をしない方がいいですよ」

とロッカー達に耳打ちしたコーディネーターに栾树《ルアン・シュー》が激怒した。

「ファンキーと俺たちは仲間だ!! 兄弟だ!! その話をして何が悪い!!」

そんな話を聞いたりしてから、ただでさえ嫌いだった「芸能界」がますます嫌いになり、その思いはますます膨れ上がって「日本」という国がもう大嫌いになった。

インターネットのなかった時代、私は彼らとずーっと拙い英語の手紙のやりとりや、どう

しても彼らへの思いが募って来ると通訳を雇って国際電話をかけたりもしていたが、雇った通訳は皆が皆、

「あの人達とファンキーさんはどういう関係なんですか？」

とびっくりして聞く。

「我想他《ウォーシアンター》（私は彼のことを想っている）问他好《ウェンターハオ》（彼によろしくお伝え下さい）という中国語を言う時に、私が今まで仕事で聞いたどんなその言葉よりもそれに心がこもってるんです。まるで自分の本当に大切な人のように……」

そんな話を聞いたりする度にこんなイヤな日本にいるよりもすぐにでも中国に飛んで行きたくなる。そしてまた

「どうして俺はあのまま中国に残って彼らと一緒にバンドをやらなかったんだろう」

という後悔の念にさいなまれてしまうのだ。

そんな中、黒豹《ヘイバオ》が初めて香港でコンサートをやるというニュースを聞いて、私は興奮で居ても立ってもいられなくなった。

天安門事件からまだ数年も経っていない中国では、中国人が自由に外国や、まだ中国に返還されていない香港などに簡単に行けるような、そんな時代ではなかった。香港ではテレサテンなどが天安門事件に反対してデモを行ったりしていたし、そんな土地に中国政府が目の敵にしている「ロック」などという音楽をやっている若者たちを、そう簡単に出国させると

は思えなかった。

「中国で何かが大きく変わってきている」

そう強く感じた私は取るものも取りあえず香港に飛んだ。

拙い英語のコミュニケーションでは足りないほど話したいことが山ほどあったので、通訳も雇ってその渡航費も旅費も出した。桑田圭祐には財力も何もかもかなわないが、

「こんな下らない世界で稼いだ金なんて全部中国で使ってしまえばいいんだ」

そう思って金に糸目はつけなかった。

まるでロックをやってはいけない国でロックをやっている純粋な彼らに対して、今自分が住んでいる「芸能界」とやらで稼いだ恥ずかしい金のすべてなど「みそぎ」として全部くれてやってしまえばいいんだ、みたいな気持ちであった。

黒豹《ヘイバオ》との再会

携帯電話などまだなかった時代、北京に住む彼らとリアルタイムに連絡を取ることは大変なことだった。日本では留守番電話が普及していて、自宅の留守電にメッセージを入れて、それを外部から聞いて折り返し電話をするというシステムが確立していたが、中国ではまだ留守電は普及しておらず、PB机《ピービージー》と呼ばれるポケベルが唯一の手段であった。

出会った頃の黒豹たちと著者

しかし海外にいる私に折り返し電話をかけてもらうわけにはいかない。私は通訳に彼らのマネージャーの自宅に電話をかけてもらい、その家族に「次にまた何時に電話をかけるからそれまでに彼らと連絡を取ってくれ」と伝言を頼むしかない。

香港に着いてはじめて彼らが既に広州まで入っていることを知り、香港ですぐにビザを発給して広州まで飛んだ。

当時はパスポートの一面を使う一度っきりの入国しかできない一次渡航ビザを、日本では一週間ほど待って毎回取らねばならなかったのだが、香港で発給する旅行ビザは一日で取れたのである。

広州に着いて彼らの泊まるというホテルのロビーでひたすら待つ。何時間でも待つ。それしか方法がないのだからとにかく待つしかない。

夕方になって彼らが現れた。私は飛び上がって彼らに抱きついた。長く会っていない恋人、いや家族のような感覚だった。

話したいことは山ほどあったが、通訳を連れて行っているのでまず通訳にすべてのことの成り行きを説明せねばならない。ひょんなことで知り合った不良に連れられて身の危険を感じながらも地下クラブに飛び込んだこと。そこで彼らの演奏を見て血が逆流するほど感激し、「ドラムを叩かせろ」と詰め寄ったこと。次の日は天安門広場でその不良のオリジナルパンクソングを歌おうとして、その場になったら怖くて声が出なかったこと。天津体育館で「絶対に口を開くな。外国人だとわかったらどんな目に遭うやらわからない」と言われながら彼らと一緒にステージに立ったこと。

通訳は目を丸くしながら私の話を聞いた。彼女が北京に留学していた頃の中国ではそんなことが起こり得るとは夢にも思わなかった出来事ばかりなのである。

それから日本のことを話す。ロックだと信じてずーっと頑張ってやってきたことは果たして本当にロックなのだろうか。バンドが売れてお金にはなった。でも自分の夢は街を歩けば振り返られる有名人になることではなかった。世界一のドラマーになるために四国の片田舎から東京に出て行ったのではないのか。昔持っていた何かを自分はもうなくしてしまっている。その何かをお前らは持っているんだ!!

熱く語れば語るほど私は興奮し、最後には泣きじゃくって話しているのだが、通訳はそれを一言一句間違えないように冷静に訳していった。

赤いロックが香港を染めた夜

一連の話を訳し終わった後に通訳は

「本当に彼らが香港でライブをやるの?」

とそれを心配した。中国が豊かになった今では香港人は大陸から来てお金を落としてくれる中国人たちを歓迎しているが、当時は香港に逃げてきて不法滞在したりする中国人が多く、香港人が話す広東語ではない北京語を聞いただけであからさまに嫌悪感を抱く香港人も多かった。香港人が嫌いな大陸出身で、しかも北京語でロックを演奏なんかしたら逆にブーイングが起こるんじゃないかと心配しているのだ。

また、ロックを忌み嫌っている中国政府が彼らを無事に香港まで出国させるかどうかも未知数である。

中国のロックバンドが初めて香港に行ってやるライブ。果たして成功するのだろうか……。

日本のパスポートを持つ私は彼らとは別ルートで先に会場である「香港伊丽莎《エリザ》白体育馆」に着いた。1991年9月7日のことである。

この日は香港のいくつかのバンドが出演するロックのオムニバスコンサートだったのだが、客席の私は気が気でない。それでなくても彼らは香港のバンドに比べてテクニック的には劣っているのだ。

しかし私はあの時、北京の地下クラブでその稚拙な演奏を聞いた時に身体中の血が逆流するような感動を覚えた。あれは何だったのだろう……。

あれから1年あまり、日本でその話をしても誰も相手にしてくれなかった。中国のように「遅れている」国のロックになんて誰も興味なんか持たない。みんな先進国の「売れている」音楽にしか興味はないのだ。それはきっと香港だって同じだろう。中国を逃げて来た不法滞在の中国人を軽蔑している香港人が、北京語を聞いただけであからさまに嫌悪感を感じる香港人が、北京から来た北京語のロックなんか歓迎するはずがない……そう思ったら客席でも居ても立ってもいられない。

いくつかの香港のバンドが終わって、最後に彼らがステージ上に上がってきた。出国できたんだという安堵感と共に、私は大きな落胆の気持ちが湧いてきた。

「ダメだこりゃ」

かっこいいロックファッションに身を包んで耳障りのいい流行りのロックを演奏した香港のバンドと違って、彼らのファッションはまるで「普段着」。田舎者丸出しではないか……。

「爆風スランプが今いちブレイクしないのはお前の髪型のせいだ」

と、当時アフロヘヤーだった私はヘアメイクとスタイリストをつけられて「New ファンキー末吉」に変身させられた。そのせいかどうかは分からないが、その後爆風スランプはブレイクして、その後もスタイリストに着せられた衣装を着てステージに上がる。それが少なくとも「ショービジネス」であり、田舎者丸出しの普段着でステージに上がるなんてのは香港人に「ほら見ろ、やっぱり大陸の人間はこれだから」と言わせる格好の材料以外のナニモノでもないのではあるまいか……。

セッティングが終わって司会者が広東語で彼らを紹介する。ここで「大陸に帰っちまえ！」とかブーイングの嵐になったらどうしようと気が気でなかった私は、次の瞬間、ボーカルの竇唯《ドウ・ウェイ》がこう叫んだ瞬間に度肝を抜かれることとなる。

「香港的朋友们你们好《シャンガンダポンヨウメンニーメンハオ》!!　我们是来自北京的黑豹乐队《ウォーメンシーライズーベイジンダヘイバオユエドイ》!!（香港のみなさんこんばんは!!　俺たちは北京からやって来た黒豹《ヘイバオ》だ!!」

私の不安をよそに、香港の観客はこの瞬間に総立ちになって彼らに地響きのような拍手で迎えたのだ。

涙でかすむ目で最後まで彼らのライブを見た。おそらく香港の観客もみんなこう思ったのだろう。

「中国にもロックが生まれた!!　俺たちはその歴史を体感しているんだ!!」

1年前に地下クラブで見た時からそんなに演奏が進歩しているわけでもない。ファッションセンスだってダサダサである。ロックを聞くこともできない、楽器を買うこともできない、そんな中国で生まれたロックはこうして中国の外でも立派に通用しているのだ。

日本では誰も耳を傾けてくれなかった俺のあの「感覚」、日本では「それは少数派だから正しくない」とされるあの「感覚」は確かに「正しかった」のだ。「日本で正しいもの」は別のところに行ったら決して「正しいもの」とは限らない。自分の信じる道を歩めばいいのだ。それが「ロック」なのだ。世界には必ずそれが「正しい」となる国がある。

私は号泣しながら香港人と一緒になって彼らの演奏にこぶしを挙げた。

コンサートが終わって彼らのバスに乗り込んだ。興奮する私に栾树《ルアン・シュー》は一人の女性を紹介した。自分の彼女で香港では有名な歌手であるという。

彼女の名は王菲《ワン・フェイ》。後に黑豹《ヘイバオ》を解散の危機に陥らせる原因となる女性である。

中国語を勉強しよう!

それから私は狂ったように中国語を勉強し始めた。

日本では自分は周りと何か違っていると感じたら苦労してでも周りに合わさなければならない。でもありのままの自分が「正しい」とされる国があったとしたら、そんな苦労はまるで必要ない。中国人には、長い戦乱で自国が住みづらいと感じたら他所の国に行って言葉と文化を勉強してそこを新天地にするという歴史があるではないか。私も華僑ならぬ「倭僑」となって中国を新天地とすればよいだけの話だ。そのためには最低限その国の言葉は勉強せねばならない。

英語も苦手だった私は新たに中国語を勉強するには骨が折れたが、イヤでたまらない芸能界に迎合しなければならない苦労を考えると屁でもなかった。


私の中国語学習法はこうである。

まずあらゆる中国語の教材を買い揃えて、それを1ページ目から勉強する。基本的に勉強は苦痛だから数ページで拒絶反応が起こって来るので、そうなったらその教材は閉じて新しい教材の最初のページを開く。教材に書かれていることはどんな教材でも基本的には同じようなものなので、こうしてすべての教材を一巡して最初の教材に戻ってきた時には、気付かないうちに反復学習ができていて労せずして次のページに進めているというものだ。

あとはとにかく実践。日本でも中国人の友達しか作らなかったし、ヒマさえあれば北京に黒豹《ヘイバオ》達を訪ねて行って、筆談であろうが何であろうがとにかく自力でコミュニケーションを取った。

ドラムの赵明义《ジャオ・ミンイー》は「ファンキーさんは私のドラムの師匠、私はファンキーさんの中国語の師匠」とばかり金魚のフンの如く私について回り、おかげで私は数カ月後には何とか通訳なしで彼らとコミュニケーションが取れるようになった。

そんなある日、空港に迎えに来てくれた赵明义《ジャオ・ミンイー》が私に一生懸命バンド内の異変を伝えようとする。理由は分からないが、ボーカルの竇唯《ドウ・ウェイ》と他のメンバーとの間に深い溝ができてしまったというのだ。

　そういえばここ最近バンドのメンバーが集まる時にも竇唯《ドウ・ウェイ》だけは参加していなかった。

「竇唯《ドウ・ウェイ》は香港から帰ってから人が変わったようになってしまった」

とメンバーは言う。海南島で行われたコンサートではステージ上でいきなり、

「ではセッションを始めましょう」

と言い出して、何を弾いていいやらわからないギタリストの李彤《リー・トン》を

「やっぱり弾けませんでしたね」

と笑い者にしたという。

よほど悔しかったのだろう、泣きながらその時のことを話す李彤の肩を抱いて私はこう言った。

「よし、俺が竇唯《ドウ・ウェイ》のところに行って話を聞いてこようじゃないか」

　みんなはびっくりして「竇唯《ドウ・ウェイ》はもう誰とも会わないよ」などと言っていたが、私が呼び出したら彼はちゃんと出てきてくれた。

「あいつらは最低だよ。金のことしか考えていないん

だ」

ひとしきり彼らの悪口を言うのをたしなめて、私は「ボーカルとバンドが別れたらどちらにとってもデメリットしかない」と、何とか共存できる方法を一生懸命模索して説いた。黒豹《ヘイバオ》の方に戻っては同様に説得する私を見て、マネージャーは「まるで共産党の宣伝員のようですね」と笑った。

どんな国でもバンドを維持していくのは大変なことである。人間なのだから諍いはあるが、メリットを説いて各人が大人にさえなればどんなバンドだって維持することができるはずだ。

私だけが彼らの間を取り持って説得することができる。私は彼らのために、いや愛する中国ロックのためにどんなことでもやる覚悟であったが、後に大きな絶望を味わうこととなる。

この問題の奥にはひとりの女性の存在があったのだ。

中国ロック史を変えた一人の女性

黒豹《ヘイバオ》の香港ライブの時にキーボードの欒樹《ルアン・シュー》から「彼女」だと紹介された女性、名を王菲《ワン・フェイ》といい、北京出身。後に中島みゆきの「傷つきやすい女」のカバーが大ヒットし、後に芸名をフェイ・ウォンに改名。「広東語のアルバム累計売り上げ」でギネスブックにも世界一と認定されるアジア最大の歌姫となる。

後に日本でもプレイステーション用ゲームソフト『ファイナルファンタジーⅧ』の主題歌「Eyes On Me」を歌ったり、フジテレビ系のテレビドラマ『ウソコイ』に主演して主題歌「Separate Ways」を歌ったりして１９９９年には日本国外を拠点としている中国人アーティストとしては初めて日本武道館でコンサートを行ったりすることとなるが、当時は王靖雯（シャーリー・ウォン）という芸名の香港のいちアイドル歌手であった。

日本でもブレイクしたフェイ・ウォン

欒樹《ルアン・シュー》は当時北京の郊外で乗馬クラブを経営していて、私は北京に行くとそこに泊まらせてもらったりしていたのだが、ある日そこに集まった仲間たちが彼を囲んで悩み相談のようなことをやっている。

聞けば彼女との仲が最近おかしいのだというので、また持ち前のおせっかいが頭を持ち上げてきて一肌脱ぐことにした。

彼女はその頃北京に里帰りしていて、王府井《ワンフーチン》のホテルに泊まっているというので「ファンキーが会いたがってるよ」というのを口実にみんなで押し掛けて行こうということになったのだ。

アメリカに留学経験もある彼女は英語も流暢で、中国語がまだ片言の私とは昔からよくコミュニケーションが取れていた。ホテルのバーでみんなで飲んで盛り上がり、だまし討ちのように栾树《ルアン・シュー》だけを残してみんなでタクシーで帰った。

乗馬クラブに帰り着いてからもみんなで飲んで盛り上がり、二人がまたうまくいくことを願いながら床についたのだが、朝方になって突然栾树《ルアン・シュー》が帰ってきたのでみんな飛び起きてびっくりした。聞けばあれから二人はまた話がこじれ、傷心した彼は5時間かけて歩いて乗馬クラブに帰ってきたという。

「青春だな」とこの事件を温かく見守っていた私だが、次の渡航の時にびっくりするような事実を聞かされる。

「他妈的《タマーダ》窦唯《ドウ・ウェイ》!!」

空港に迎えに来てくれたドラムの赵明义《ジャオ・ミンイー》は開口一番に私はこう言った。

「他妈的《タマーダ》」というのは「FUCK YOU」のような意味の言葉で、土佐弁で驚いた時に言う「たまー!!」によく似ているので私が真っ先に覚えた中国語である。

聞けば「ボーカルの窦唯《ドウ・ウェイ》が栾树《ルアン・シュー》の彼女を盗った」とのこと。私はがっくりと肩を落とした。バンドが解散する理由など「音楽性の違い」なんかではない。世界中どこのバンドでも原因はふたつ、「金」か「女」しかないのである。

あの日、共産党宣伝員よろしく窦唯《ドウ・ウェイ》のところと他の黒豹《ヘイバオ》のところを行き来した時、そういえばそのどちら側にもフェイ・ウォンがいた……。

中国ロック史上最大のレコード売上を記録したモンスターバンドとなる黒豹《ヘイバオ》は、これをきっかけにボーカルの脱退劇を繰り返すようになる。私はあの時に彼らに口を酸っぱくして「ボーカルとバンドが別れたらどちらにとっても大きなデメリットになる」と説いたが、その通りになった。

窦唯《ドウ・ウェイ》はその後フェイ・ウォンと結婚し、到底一般人には理解できない環境音楽のようなマニアックな音楽ばかりを作るようになり、黒豹《ヘイバオ》はボーカルを入れ替えながら窦唯《ドウ・ウェイ》時代のヒット曲を歌って金を稼ぐ商業ロックの権化と成り下がった。

中国ロックの黎明期、私が地下クラブで偶然出会った結成当初の黒豹《ヘイバオ》は、バンドのポップなサウンドと窦唯《ドウ・ウェイ》の尖った部分がうまくミックスされて最高のバンドだったのだが、それを壊したのはたった一人の女性だったのだ。

どんな世界のロック史にも「女」ありである。

中国人は蟻だ！　大きな足に踏みつぶされる

1992年になっても中国ではまだまだロックを演奏する楽器が簡単に手に入る状態ではなかった。

私は相変わらず渡航の度に持てるだけの楽器を担いで北京に通っていた。毎回毎回の渡航が「税関との戦い」である。

「一生懸命働いても配給は同じ」という共産主義のなごりか、幸いながら北京空港の税関職員はあまり真面目に仕事をしていない。普段は旅行者の手荷物検査などやりはしないのだが、思い出したように仕事をする時もあり、その時には楽器は最悪没収されたりもするが、万が一そうなっても黒豹《ヘイバオ》の連中はそれをコネを使って裏から戻してくる。今ではもうだいぶなくなってきたが、当時の中国はコネさえあればできないことは何ひとつないという時代だったのである。

そんなある日、彼らが大学の学園祭で演奏するというので見に行った。大学の講堂の壇上が簡単なステージで、観客も学生ばかりの200人程度の小さな規模のライブなのに、警備の人民解放軍が数十人物々しく警備をしている。私は「外国人だとバレたらどんな目に遭うやらわからない」と言われながら天津体育館でドラムを叩いた時を思い出して、客席でひとり緊張した。

黒豹《ヘイバオ》のステージが始まった。ボーカルはキーボードの欒树《ルアン・シュー》である。

私が日本から持ってきた肩からかけて立って演奏できるショルダーキーボードを弾きながらセンターで歌っているのだが、弾くのに一生懸命でステージングも何もあったもんじゃない。

そして何よりもあの天才的なボーカリスト窦唯《ドウ・ウェイ》はもういないのだ。客席から明らかに落胆の空気が蔓延していた。あの時共産党宣伝員よろしく、窦唯《ドウ・ウェイ》側と黒豹《ヘイバオ》側を行き来しながら「ボーカルとバンドが別れたらどちらもダメになる。考え直せ!!」と説得して回った日々、あれは私にしかできなかったことではないか。もっとあの時頑張っていたらと後悔の念に苛まれた。

どっちらけの黒豹《ヘイバオ》のライブが終わり、蔚华《ウェイ・ホア》とそのバックを務める超载《チャオザイ》のステージが始まった。蔚华《ウェイ・ホア》は元々は中央電視台で英語でニュースを読むアナウンサーであったが、天安門事件のニュースを読む時に「こんなウソを読むことはできない」と言って仕事をやめたというツワモノである。超载《チャオザイ》は後にギターの高旗《ガオ・チー》がボーカルとなって中国ロックの重鎮となるスラッシュメタルバンドである。

高旗《ガオ・チー》が狂ったようにギターを掻き鳴らしている。蔚华《ウェイ・ホア》が開口一番シャウトした途端に観客が全員総立ちになった。学生達が狂ったように拳を挙げる。

その瞬間、警備をしていた数十人の人民解放軍が学生達を制止した。その人民解放軍を詰める学生達、それをも制する人民解放軍。場内は騒然となり、すぐにPAを落とされたが、観客はまだ人民解放軍とにらみ合っていた。

「やめて!! みんな落ち着いて!!」

そう叫んでいるのか、蔚华《ウェイ・ホア》が音の出ないマイクで一生懸命学生達をなだめる。その顔は涙で溢れていた。ニュースで報道できなかったあの天安門事件の真実の姿を思い出しているのかも知れない。

ただひとり、高旗《ガオ・チー》だけはずーっと狂ったようにギターを掻き鳴らして客を煽り続けていた。学生達は何人かがまた人民解放軍の制止を振り切って立ち上がって拳を挙げたが、最後にはギターアンプの電源も落とされて全く音が出なくなった。それでも高旗《ガオ・チー》は音の出ないギターを振り回していたが、最後には蔚华《ウェイ・ホア》に説得されてステージを降りた。

ステージ袖の楽屋に行った私にみんな「やあファンキー」と精一杯の笑顔を見せようとするのだが、その笑顔は皆引きつっていた。誰も口を開く人間はいない。重苦しい空気だけがいつまでも流れていた。

「中国人は蟻だ。大きな足に踏みつぶされる」

天安門広場で歌おうとして怖くて歌えなかった张楚《ジャン・チュー》の歌が頭の中に流れてきた。

中国ロックの創始者

1990年に偶然北京の地下クラブで黒豹《ヘイバオ》と会ってから、その後はほぼ芋づる式にすべての北京のバンドと知り合いになった。彼らは「北京にロックバンドは8つある」と言っていたので、私はほぼすべてのバンドと知り合いになったことになる。

しかし彼らがロックを始める前から中国でロックをやっていた男がいた。

中国ロック史をひも解いていくと、その起源は1986年5月、崔健《ツイ・ジエン》という男が「全国第一届百名歌星演唱会（100名スターコンサート）」というイベントで「一无所有《イーウースオヨウ》（何も所有していない）」というオリジナル曲を歌ったのが最初だといわれている。

当時、革命の歌や共産党を讃える歌、よくても各地方の民謡ばかりを歌うオムニバスコンサートの中で、壊れたギターを抱え、ジーンズの両足の長さが揃っていないような、小汚い格好で舞台に上がって、独特のしゃがれ声で今まで聞いたことがないような音楽を歌う彼を、どこの国でもそうだが大人達はみな顔を背け、若者達は逆にそれを熱狂的に受け入れた。

歌詞はその中にいろんな意味を持たせて書くものだが、彼の作り出す詞の世界は特にそれが顕著である。表面はただのラブソングに聞こえる詞でも、この曲のように天安門事件の時に共産党の腐敗に反対して広場を占拠した学生達が「俺たちは何も所有していない」と歌うとそれは全く別の意味を持ってくる。

この曲の収録されている１９８９年２月に発売したファーストアルバムの表題曲、毛沢東の長征を自らのロックの長征と例えた「新長征路上的揺滾《シンチャンチョンルーシャンダヤオグン》（新しい長征の路の上のロック）」は「毛沢東主席を茶化している」と共産党の逆鱗に触れ、その後１９９１年２月に発売したセカンドアルバムに収録されている「一块红布《イークアイホンブー》（一切れの赤い布）」では、歌詞の中の主人公が愛する女性に赤い布で彼に目隠しをされ、彼は赤しか見えず何も考えなくて気持ちがいいという、そして最後には干涸びてしまうと歌うのだが、彼がこの曲を演奏する時には共産党のシンボルカラーである赤い布で実際に目隠しをしてトランペットソロを吹くのだから当の共産党がもう黙っているわけがない。

彼のコンサートが理不尽な理由で中止になったことは数知れず、後に北京でハードロックカフェがオープンする時、ロックバンドはまずいがブルースは黒人の民謡だからということで許可されたこけら落としのＢＢキングのライブに行こうとした彼を、入り口で警備をしていた警官が中に入るのを止めた。

「どうして入れてくれないんだ」

と聞く彼に警官は

「それはお前が崔健《ツイ・ジエン》だからだ」

というエピソードは中国ロック界では伝説として伝えられている。

私は彼とは面識はなかったのだが、もちろんのこと彼の存在は重々知っていた。彼も私のことはロック仲間から聞いて知っていたらしいが、北京のすべてのロッカーに「ロックの先生」と慕われていることが面白くなかったのか、

「最近外国人が中国に来て何やらいろんなことを教えているらしいが、そいつに会ったらこう言ってやれ。中国人は人から教わる必要などない。自分達の力でロックをやれる!!」

と発言したり、桑田圭祐が雑誌の撮影で天安門広場でギターを抱えて写っている写真を見て、

崔健のアルバム『一無所有』

「天安門広場で最初に歌を歌うのはこいつではない。俺たち中国人だ!!」

と発言したり、なかなかムズカシイところがある男である。

そんな彼が「ぴあ20周年記念コンサート」に出演するために来日が決まったのだが、ベーシストのビザが下りなくて困っているという話を聞いた。

私はすぐに爆風スランプのベーシスト、バーベQ和佐田に連絡を取り、彼らのバンドでベースを弾いてあげてくれないかと頼んだ。

偉大な中国ロックの創始者との初めての出会い、しかしこの時から私と彼のボタンのかけ違いは始まっていたのである。

STORY 2

戦いの日々

爆風スランプを中国に

Runner、リゾラバ等のヒット曲を連発していた爆風スランプは、テレビ出演や事務所移籍などでもう既に疲弊し切っていた。１９９０年になって所属事務所は私達に「世界中どこにでも行って刺激を受けてこい」と休暇を与え、私が選んだのはただ単にサンプラザ中野やパッパラー河合が行かない土地、たまたま友人が針治療に行くというからついて行った中国であった。

天安門事件の翌年、奇しくも政府がロックに対する締め付けが一番激しかった時代に、偶然地下クラブでロックをやる若者達と出会い、日本の芸能界の水が合わなかった私はどんどんと中国にのめり込んでいく。結果的には事務所がもくろんだ結果とは真逆の結果となり、爆風スランプはそれ以後セールス的には低迷を続けることとなった。

各人が世界を見て大きくなって帰ってきてアルバム制作……というそのアルバム「ORAGAYO ～in the 7th heaven ～」は、世のすべての人々が「このままヒット曲を出し続けるポップ路線」という流れを大きく裏切る一枚となった。

その後バンドは路線を「青春路線」に切り替えて揺り戻しを計ったがセールス的にはやはり振るわなかった。

芸能界は売れなければ居場所がない。売れない人は何とか売れるためなら何でもするし、売れた人はその場所を守るためにどんなことでもやる。私はそんな世界がイヤでバンドのメンバーや所属事務所からますます距離が離れていった。

「心ここにあらず」とはこのことで、寝ても覚めても中国のことを考え、日本でイヤなことがあると北京の仲間達のところに電話をかけて「俺は中国に亡命する」とか言い始める始末……。日本ではもう日本人の友達は作らず、日本にいる中国人ばかり集めて中国語で過ごす毎日……。

「これではいかん」ということで事務所が私の方に歩み寄ってきた。

爆風スランプの７枚目のアルバム

　そもそもが私の個人活動に関するミーティングで

「私達がビジネスをやりたいのは爆風スランプの末吉くんであって、末吉くんの個人活動には一切興味がない」

　とトップが断言した事務所であるが、このままの状態が続けば爆風スランプの存在自体が危ぶまれるのだから仕方がない。崔健《ツイ・ジエン》の出演する「ぴあ20周年記念コンサート」のために、ベースのバーベQ和佐田のスケジュールだけでなく、爆風スランプがロックアウトしているリハーサルスタジオを無償で提供し、楽器周りの世話をする専門のスタッフまでつけてくれた。

私はこの頃は「爆風スランプを何とか中国に連れて行けないか」と画策していた。私があの時に中国に残って黒豹《ヘイバオ》のドラマーとして茨の道を歩まなかった理由は、何も今の名声や地位、有り余るほど稼いでいた金が惜しかったからではない。爆風スランプは既に巨大化して「企業」のようになってしまっていて、それに関わるいろんな会社や人々の生活を支えている存在なので、自分のワガママでそれを潰してしまったらメンバーも含めすべての人の「生活」が壊れてしまうのだ。

「だったら爆風スランプを中国に連れて行けばいい」

今考えたらこの考えは非常に短絡的で甘かった。しかしその頃の私には他の選択肢はない。このまま私だけが全然違う方向を向き続けて事務所と反目し続けたら、どの道遅かれ早かれ爆風スランプは消滅してしまうのだ。だからこの時事務所は私に対して最大限の譲歩をしたのである。

当時私はＤＪ有待《ヨウダイ》という、当時では革新的だったロックを流すラジオ番組を持っている北京の友人がいて、彼が私の北京でのマネージャー業務のようなことをやっていた。彼は英語も喋れるし頭も切れる男なのだが、少々「小ずるい」ところのある男で、崔健《ツイ・ジエン》が私に大きな「借り」を作ったことを知って、彼はそれを爆風スランプ中国公演の実現に「利用」しようと考えた。

こうして私と崔健《ツイ・ジエン》の「ボタン」はどんどんと掛け違っていった……。

サザンオールスターズ

1990年代中盤に日本でピークを迎える「アジアブーム」は1992年の段階でもう始まろうとしていた。私は爆風スランプを何とか北京に連れて行ってコンサートをしようと計画していたが、所属事務所の国際部はそれに対して一切動かなかった。いや、当時の日本の芸能プロダクションではまだ「暗黒大陸」だった中国に対してノウハウを持っているスタッフがいなかったので、実質「動けなかった」のである。

私は文字通り「孤軍奮闘」、実質的に北京で動いたのは当北京のマネージャー役であるDJ有待《ヨウダイ》である。

頭のいい彼のことである。日本の大プロダクションがやれないことを自分が成し遂げれば、その後の日中間の音楽ビジネスは全部自分のところに落ちるに違いないと考えたのだろう。

DJ有待《ヨウダイ》は頑張った。9月11日と12日の2日間に渡って行われる北京広播電台というラジオ局の開局45周年のオムニバスコンサートに爆風スランプの出演を決めてきたのだ。

それだけではない。DJ有待《ヨウダイ》はその前日の9月10日に崔健《ツイ・ジエン》と爆風スランプとのジョイントコンサートを決め込んだ。放送局のオムニバスコンサートに出演したからといって中国国内

DJ有待（ヨウダイ）

で「伝説」になれるわけはない。しかし中国ロックの創始者である崔健《ツイ・ジエン》と爆風スランプのジョイントコンサートが成功すれば、爆風スランプの名は中国ロック史に永遠に残ることとなると考えたのだ。

私もこの点に関しては考えは同じである。放送局に気に入られ、中国のテレビやラジオでばんばん紹介され、中国のお茶の間で人気のバンドになったとしたってそれは日本でやっていることとまるで同じではないか。私がやりたいのは「ロック」なのである。中国ロックの神様、崔健《ツイ・ジエン》と一緒にやれるんならこんなうれしいことはない。

気難しい崔健《ツイ・ジエン》もこのジョイントの話を喜んで受けたという。「ぴあ20周年コンサート」に出演するに当たって、バンドのベーシストのビザが下りなくて来日できなかったのを、爆風スランプのベーシスト、バーベQ和佐田がサポートして助け、さらにはその日本でのリハーサルスタジオまで提供したことに対するお礼のつもりだったのだろう。

そんなある日、日本でマネージャーが私のところに血相を変えて飛び込んできてこう言った。

「末吉さんゴメン!!」

平に謝った後に悪そうにこう続けた。

「サザンが北京首都体育館でコンサートやることになりました。しかもその日は偶然爆風と同じ日なんです!!」

私は愕然とした。どうしてこんなことが起こるんだ!!

マネージャーは深々と頭を下げる。これぐらい大きな事務所になると、サザンのセクションと爆風のセクションはまるで別の事務所といっていいぐらい横の連携はない。私のためには全く動こうとしなかった国際部も、事務所の稼ぎ頭であるサザンのためなら全スタッフ総出で動く。

おまけに調べてみるとそこにはＪＡＬのタイアップも含め7億円を越える金が中国に流れてくるという。

これにはＤＪ有待《ヨウダイ》も怒りをあらわにした。こちら側など所属事務所から一銭の金も動いていないのだ。ＤＪ有待《ヨウダイ》など無償でここまで頑張って動いてきたというのに、どっかの誰かが中国側でこの7億円を動かして巨額の金を懐に入れているのだ。

四面楚歌

私はＤＪ有待《ヨウダイ》と二人で文字通り孤軍奮闘していた。

同じ日に首都体育館でのサザンオールスターズのコンサート開催をぶつけてきた所属事務所は、そのために中国側のコーディネート会社に多額の金を払い、北京に立派な事務所を構えて何人ものスタッフが動いているというのに、同じ事務所所属の爆風スランプのためには彼らは一切何も動こうとしなかった。

いや、むしろ「できれば末吉の方は潰れてほしい」と願っていたことだろう。何せこちらは共産党が目の敵にしている中国ロックの創始者「崔健《ツイ・ジエン》」とのジョイントコンサートを計画しているのだ。片や共産党と手を握り、多額の日本円を中国に落として大きなコンサートを開くのが同じ事務所だと発覚することさえ恐れている。7億円かけて首都体育館で2日間行うサザンのコンサートが何かの理由でキャンセルにでもなってしまったら、担当者がクビになるぐらいでは済まされない。関連会社のいくつかは確実に潰れてしまうだろう。

本来ならば事務所は「末吉さん、サザンの方が大事だから日にちをずらすとか考えてくれない?」とか言うところだろうが、それを聞き入れるほど私と事務所との関係はよくはなかった。

中国ビジネスをするすべての人間にとっては「中国=共産党」だが、私にとっては「中国=それに目の敵にされながらロックをやっている仲間たち」なのである。ヤツらが「ファッキンガバメント」と呼んでいる政府こそがその共産党なのだ。いくらでも相手になってやる!!

しかし現実はそんなに甘くない。私達はすぐにいろんな壁にぶち当たった。

まず1万ドルというギャラを約束していた北京広播電台が、正式に契約書を締結する直前に言うことをひっくり返した。

「出演者は全員自腹で来るんだからあなた達も自腹で来なさい」

こう言い放つ担当者に対して、私は通訳を介さず覚えたての「反語表現」を使ってこう食ってかかった。

「交通費が出なければどうしてここに来ることができますか⁉」

すると北京広播電台の担当者は、ニヤ笑いを浮かべながら私の言い方を全く真似してこう言い返して来る。

「金がなければどうして交通費を払うことができますか⁉」

中国特有の「騙し」である。中国ビジネスを経験している人は中国のこういう部分をイヤというほど経験しているだろう。しょせんは私のようなアマチュアではこの人達には太刀打ちできないのだ。

結局は事務所が爆風スランプの次のアルバムの宣伝費として渡航費を出すということで話がついた。そうでもしなければ事務所がコントロール不能なこのファンキー末吉という男は、自腹ででもそれを実現してサザンのコンサートぐらいぶっ潰してしまうだろうから仕方がない。

さらに事務所は準備のために渡航する私の渡航費と、滞在する北京のホテル代ぐらいは出そういうことになった。それでこの「爆弾」が大人しくしてくれていたら安いものだ。

私達はそのホテルを簡易事務所にして、そこで崔健《ツイ・ジエン》とのジョイントコンサートのチケットを売り始めた。サザンのための北京事務所に比べるとみすぼらしいものだが、それでも北京じゅうの不良がここにやって来てチケットを買って行った。

私自身もいろんな日本企業を回ってチケットの購入をお願いした。あれほど日本の芸能界がイヤで中国に飛び込んだのに、その中国で「芸能人」としてチケットを売り歩くのは涙が出るほど情けなかった

北京にやってきた爆風スランプと
ボランティアスタッフ

が、それでもこのジョイントライブだけは何としてでも成功させたかった。

ところが日本からメンバー全員北京入りして、3日後にはライブだという時に想像だにしない事態が起こってしまう。ＤＪ有待《ヨウダイ》が血相を変えて簡易事務所に飛び込んで来てこう言った。

「大変だ!! 文化部から中止命令が来た!!」

逃げられぬ赤

中華人民共和国文化部は国務院に属する行政部門で文化事業を管轄している。その機関から「このイベントの開催はまかりならん!!」と言われたら、この国ではもうどうあがいても開催は無理なのだ。

文化部から目を付けられた原因は、共産党が目の敵にしている中国ロックの創始者である崔健《ツイ・ジエン》とのジョイントライブであるからか、もしくはそのライブの翌日に首都体育館で2日間のコンサートを控えているサザンの現地スタッフが、その開催に何か影響を与えるかも知れないこの目障りな動きを排除したのか、どの道政府筋に何のコネもないロックの連中ばかりで動いている私達の企画なんて、政府が乗り出してきたら簡単にぶっ潰れてしまうのだ。

「中国人は蟻だ!!　大きな足で踏みつぶされる!!」

天安門広場で歌おうとして歌えなかった张楚《ジャン・チュー》の歌の歌詞がまた思い出されてきた。

「文化部へ出向こう!!　許可を取るんだ!!」

私とＤＪ有待《ヨウダイ》は、何とか文化部にコネのある人間を探し出して文化部まで乗り込んで行った。

文化部の建物は重々しく、私はその重圧感に押しつぶされそうになりながら何とか「日本部」という日本関係のイベントを専門に扱う部署にたどり着いた。

ところがＤＪ有待《ヨウダイ》も私もロックのシンボルである長髪。担当者はいきなりその長髪を汚いものでも見るように一瞥して叫んだ。

「何だお前らは!! 何者だ!! ここに何しに来た!!」

いきなり怒鳴られるとは思っていなかったので、私はびっくりしてますます萎縮した。

「実は日本の爆風楽隊のことで……」

ＤＪ有待《ヨウダイ》も相当萎縮していたのだろう、震える声でそう切り出したら「暴风《バオフォン》」という単語を聞いた瞬間にその人はさらに怒りをあらわにして叫んだ。

「何だお前ら暴风《バオフォン》のもんか!!」

何か大きな恨みでもあるかのような憎々しげな言い方でそういうと、もう一度私とＤＪ有《ヨウ》待《ダイ》の長髪を一瞥して、汚いものでも追い払うかのように
「帰れ帰れ!! ここはお前らの来るところじゃない!! 帰れ!!」

と言う。帰れと言われても帰るわけにはいかないし、かといってこの局面をどう切り抜けたらいいのかもわからない。ぼーっとして突っ立っていたら、その人は突然テーブルを叩いて怒鳴りつけた。

「帰れと言うのがわからんのか!! 部外者は直ちにここから出て行け!!」

その剣幕があまりにも凄まじく、私とＤＪ有待《ヨウダイ》は慌ててこの場を後にした。

建物の外に出るともう夕日が沈もうとしていた。胡同《フートン》と呼ばれる路地裏で私達は力尽きて座り込んだ。夕日が私達を共産党の色である赤に染めた。この国のどこに行ってもこの赤色からは逃げられないんだと身に染みた。

「どうして俺がこんな目に遭わなければならない!? 俺がお前らに何をした!? ただロックをやりにきただけじゃないか!!」

その赤い色に対して文句を言ってはみるものの、その「ロック」こそがこの国では「やってはいけないこと」なのだ。

万策尽きたと思ったが、まだ方法はあるはずである。私は生まれて初めてこんなことを体験したが、この国で住んでロックをやっている仲間達は毎回こんなことを経験しているのだから……。

「上有政策下有対策《シャンヨウジョンツァーシアーヨウドゥイツァー》（上に政策あれば下に対策あり）」

これは私が中国語学習をした教科書に載っていた言葉である。ここまでのコネでだめだったらもっと上のコネを探せばいい。この国では上の者が白いといえば黒いものでも白くなるのだ。

「よし!! さらに上のコネを探すぞ!!」

私とＤＪ有待《ヨウダイ》は顔を見合わせて立ち上がった。

「よし、許可を取るぞ!! 爆風スランプはロックバンドじゃない。サザンと同じ流行歌楽隊だということで徹底するんだ!!」

私はここでまたロックの大事な何かをどこかに置き去りにしてしまったことに気付かなかった。

≫共産党幹部との食事

十代の頃初めてロックを聞いて「あのスピーカーの向こうにいる人達は神様だ」と感激し、「俺もそんな神様になる」と家出をして東京に行き、そこでの成功は自分を「街を歩けば誰もが振り返る有名人」にしてしまった。ドラムだけを叩いていればそれでいいと思っていた人間が、オリジナルがなければ東京では通用しないんだと思って死に物狂いで曲を書いた。「ヒット曲がなければバンドが終わるんだ」という状況でRunnerを生み出し、「ヒット曲が続かなければ一発屋で終わる」という状況で、また死に物狂いでリゾラバを生み出した。そこで何かがぱちんと弾けて中国ロックと出合う。「ファッキンガバメント」と戦いながら不自由な環境でロックをやる彼らに感激して「俺も中国人になる!!」と中国語を勉強し、後には中国人と結婚して、同じく中国を「祖国」とする二人の子供を持つことになるこの男だが、この頃にはどこでボタンを掛け違えたかわからない。「芸能人」の顔で日本企業を回り、崔健《ツイ・ジエン》とのジョイントコンサートのチケットをパー券よろしく売りまくり、文化部から中止命令が来たとなれば、そのつてを辿って文化部にコネを持つ中国人を探しまくる。

いい加減疲労困憊したころにやっとコネが見つかった。

「あなた達、一体何人の人に声をかけたんですか？　いろんな人から全部私のところに来るんですから何事かと思いましたよ」

その人は笑いながらそう言った。

貧乏なロッカー達と安酒飲みながら食う中華料理はあんなに美味しいのに、共産党幹部のお偉いさんと食べる中華料理はまるで味がしなかった。

「私達は決してロックを嫌ってるわけじゃないんですよ。ただロックを好きな一部の若者が政府に楯突いたりする。それだけのことですよ。ロック、いいじゃないですか。どんどんおやりなさい」

お偉いさんはそう言って赤ら顔で杯を上げた。

「ウソだ!!　お前らはそうやってロックを愛する若者を広場で殺したではないか!!」

そんな言葉を一生懸命酒と一緒に呑み込む。

「中国人は蟻だ!!　大きな足に踏みつぶされる」

そう歌う张楚《ジャン・チュー》の歌が酔った頭にこだまする。

全然味のしない酒を何杯もお偉いさんと乾杯しながらようやく許可が下りることとなっ

た。私が将来日中のコーディネーターで大儲けしようと思うなら、ここで得たコネを今後も最大限に使うべく頑張っていただろうが、あいにくもう私は限界だった。頭ではそうするべきだと思っているのだが身体が拒絶反応を起こしてしまうのだ。

崔健《ツイ・ジエン》とのジョイントコンサートは結果的に大失敗に終わってしまった。

そりゃそうだ、片やそんなことを一切せずに独りいばらの路を歩んできた中国ロックの創始者を神と崇める熱狂的なファン達、片や「北京であの有名人のコンサートが見れるなんて」と喜んでやってきた駐在員関係者や留学生達。ハナからその温度差は歴然としている。

最初に出演した爆風スランプの演奏中からずーっと「崔健《ツイ・ジエン》!! 崔健《ツイ・ジエン》!!」と連呼する中国人の熱狂的なロックファンに

「崔健《ツイ・ジエン》はまーだ!!」

と日本語で喋ったサンプラザ中野のMCが中国語で「崔健《ツイ・ジエン》!! 他媽的《タマーダ》!!」つまり「崔健《ツイ・ジエン》くそったれ!!」と聞こえたのだろう、その瞬間から中国人ファンに総スカンを食った。

それに反して崔健《ツイ・ジエン》のコンサートは圧巻だった。「日本での新しい朋友《ポンヨウ》を紹介しよう」と言って呼び込まれたバーベQ和佐田は中国人ファンにあっという間に受け入れられ、その熱い声援がますます自分をミジメにした。

「お前ら客を煽るのが仕事だろ!! 何だ今日の体たらくは!!」

日本からやってきた事務所トップの人間に楽屋でダメ出しをされた。その言葉を肝に命じて次の日の北京広播電台45周年記念コンサートでは煽りまくろうと心に決める。

しかしそれが実はもっと恐ろしい結果を生むことになってしまうのだ。

演奏中止!

1992年9月11日と12日の2日間に渡って北京工人体育館にて開かれる北京広播電台45周年記念イベント、当初は1万米ドルのギャラを出しますから来て下さいと言っていたのでそれを渡航費に充てるつもりだったが、結局は最初からそんな金は用意してなどいなかった。

「中国の巨大市場は大きなメリットですから、ホイットニー・ヒューストンもフリオ・イグレシアスもみんな自腹で来るんですよ」

と豪語していたはずなのに、結局出演者一覧にはどちらの名前も書かれていなかった。ハナからこんな人達が自腹で出演するわけはないのだ。

中国での「仕事」は一事が万事すべてこうなのである。爆風スランプは結局自腹でやって来てノーギャラでこのイベントに出演する羽目になってしまった。

北京広播電台45周年記念コンサートの
会場となった工人体育館

前日に行われた中国ロックの創始者「崔健《ツイ・ジェン》」とのコンサートは大失敗に終わったので、爆風スランプにとってはもうこの2日間のイベントしか残っていない。

「演奏曲目を変更しよう!!」

イベント出演者は演奏曲目を予め届けておいて、詞の内容とかが政府批判とか共産党に都合の悪いものでないかチェックを受けておかねばならない。届け出を出していた楽曲は無難なバラードを中心とした４曲だったが、前日の失敗を受けて、客を煽れる激しい楽曲に変更した。

許可は意外にすんなりと下りた。もともとは詞をチェックしているのだから、楽曲がどんな曲調なのかはあまり問題とされなかったようだ。

「今日は煽りまくるぞ!!」

元々はライブハウスで「脱糞と出産以外はすべてやった」と豪語する「笑えるパンクバンド」としてスタートした爆風スランプである。日本でやってきたことをもう一度中国でやればそれでいいのだ。

セッティングが終わり、司会者が賑々しく私達を紹介するのが終わるのを待って、私は思い切りハイハットを叩いてカウントを出す。サンプラザ中野とパッパラー河合がステージ狭しと飛び出していく。「立ち上がったら逮捕される」という時代だったが、客席で何人かの若者が立ち上がったのが見えた。

「このまま工人体育館の客全員を総立ちにさせてやる!!」

スティックを握る手に力が入る。

ところが1曲目が終わった瞬間に突然司会者が出て来て我々の送り出しを始めた。

「どうもありがとうございました。日本から来て下さった爆風楽隊のみなさんでした」

中国語がわからないサンプラザ中野も雰囲気でそれを察したのだろう。「次の曲のカウントを入れろ」と私に指示した。私はまたハイハットを大音量で叩いてカウントを出した。曲が始まると司会者は諦めたようにステージを降りた。

その時である。会場に異変が起きたのは……。

ステージは工人体育館のアリーナ席をつぶして真ん中に円形ステージを組んでいて、舞台の正面には音響を調整するPA席がステージからも見える。そこに数人の警官がやって来てPAエンジニアを羽交い締めにした。それを止めようとする中国人スタッフのDJ有待《ヨウダイ》に対してそれを排除しようとする警官が暴行を加え始めたのだ。

客席が騒然となった。水の入ったペットボトルが客席から投げられて頭上を飛び交う。

「演奏をやめるなよ」

そう目で合図するサンプラザ中野に対して私は大きく頷いた。やめるつもりなんかない。

私はここに「ロック」をやりにきたのだ。

ＤＪ有待《ヨウダイ》が警官に殴り倒されてボコボコにされている。客席からはまたペットボトルが投げつけられて騒然となった。床に突っ伏して動けなくなったＤＪ有待《ヨウダイ》に対してさらにボコボコに蹴りを入れる。最後には警官がロックの象徴であるＤＪ有待《ヨウダイ》の長髪を鷲掴みにしてボロ雑巾のように引きずって行った。もうＰＡは完全に落とされてしまって、生のドラムの音とギター、ベースのアンプの音だけである。サンプラザ中野は音の出ないマイクを握って最後まで Runner を歌い続けた。

≫ファッキンガバメントは絶対に俺を殺す

北京工人体育館は騒然となっていた。頭上を飛び交うペットボトルは、音響を落として演奏中止させようとした警官に向けられて投げられたものなのか、もしくは実際に落とされても演奏をやめない爆風スランプに対して投げられたものなのかはわからない。ひょっとしたらただ騒ぎに乗じて観客が日頃の鬱憤を晴らすべく暴れているだけだったのかも知れない。

届け出を出した4曲を楽器の生音と音の出ないマイクで演奏し切った私達は胸を張ってステージを降りた。客席はまだ騒然としていたが、それでも1万人の観客は私達に惜しみない拍手を送っているように見える。

「ファンキー！　牛逼《ニュービー》!!」という声が客席から聞こえてきた。ロック仲間がよく使う不良言葉で「ファッキングレイト」の意味である。

ステージを降りたらすぐに私達は警官に別室へと連行された。

「警官」と言ったのは、ＤＪ有待《ヨウダイ》が後に「Police」と言ったのでそう思っているだけだが、会場警備は人民解放軍がやっていて、私達外国人にはどれが警官でどれが軍隊なのかよくわからない。銃を持っていたのでさしずめ軍隊に連行されている敵軍の捕虜のようである。

別室にはその「警官」にボコボコに殴られたＤＪ有待《ヨウダイ》が床に転がって震えていた。抱き起こすと彼はうわ言のようにこう言った。

「俺は殺される……奴らに殺されるんだ……」

私は彼の震える肩をそっと抱いた。彼は私を見てまたこうつぶやいた。

「お前らは外国人だからいい。俺は中国人なんだ。ファッキンガバメントは絶対に俺を殺す……」

部屋の外は銃を持った「警官」が警備をしていて、中に軟禁されている私達とＤＪ有待《ヨウダイ》は外に出ることはできないが、外から人が入ってくるぶんには大丈夫なようだ。見るからにロックの格好をした若者が入ってきて、震えるＤＪ有待《ヨウダイ》の耳元で何やら囁いたかと思うと、ロックの象徴である彼のその長髪に跪いてキスをした。

「たかだかロックをやったぐらいで殺されることはあるまい」

そんな平和ボケした日本人の甘い考えはいっぺんで吹っ飛んだ。この国でロックをやるのは文字通り「命がけ」なのだ。

「中国人は蟻だ!! 大きな足で踏みつぶされる!!」

张 楚《ジャン・チュー》の歌がまた頭の中でこだまする。

重苦しい沈黙の中、事務所の人間がひっきりなしに出入りして政府筋と話をつけているようだ。しばらくしてから私達はやっと解放された。

「え？ 帰れるのか？ 俺も帰れるのか？」

ＤＪ有待《ヨウダイ》は信じられないような顔をして、飛び出すように部屋を出た。


このコンサートは前日一緒にジョイントライブをやった中国ロックの創始者「崔健《ツイ・ジエン》」も見にきていて、彼のバンドでベースを弾いた和佐田を心配してホテルのロビーで待っていた。

和佐田を見つけた崔健《ツイ・ジエン》は、意外と元気そうだったのを見て安心してニヤリとしてこう言った。

「Welcome to Beijing!! This is China!!」

この男は何度こんな目にあったことだろう。それでも彼はずーっとロックをやっている。

彼を見る度に
「俺は何をやっているんだろう」

と悲しくなる。

事務所は私に「明日のイベントには出演辞退しますから」とキツく通達したが、彼と違って私達外国人は殺されることはない。どうして辞退せねばならない!? 私達はちゃんと届け出を出した曲をちゃんと演奏しただけなのだ。明日も胸を張って出演すればいい。ファッキンガバメントに何の遠慮をする必要がある!!

事務所はそんな私に堪忍袋の緒が切れた。

「明日はサザンの初日なんですよ!! 爆風がそんなことしてサザンのコンサートが中止になんかなったらどうするんです!!」

それを聞いて今度は私の方がキレた。

中国ロックの創始者崔健もこのコンサートを見に来ていて後で和佐田を訪ねて来た

「俺はサザンのためにロックやってんじゃねえ!!」

こうして事務所と私の亀裂は修復不可能なものになっていった。

BEYONDとの出会い

ちゃんと届け出を出した曲をちゃんと演奏しただけで中国人スタッフが警官にぼこぼこに殴られ、演奏者も銃を持った警官に別室に軟禁されるような、そんな理不尽な国を嫌いになるどころか、ちゃんと届け出を出して受理されている翌日の出演を辞退するという日本のプロダクションの方が嫌いでしょうがないということが不思議なことである。

日本に帰っても私は「心ここに在らず」で中国のことばかりを考えていた。

「あの国ではもっと酷い状況でずーっとロックをやり続けている仲間達がいる。自分だけ何をやっているんだ!!」

そんな焦燥感ばかりが自分を責め立てた。


そんな時に同じ事務所に新しく入った香港のバンドを紹介された。中国大陸のことばかり考えていたので香港の事情には全く疎かった私は「BEYOND」といわれてもピンと来なかった。ただロックバンドでありながらバラエティー番組にも積極的に出演して、商業的にアジアで一番売れているバンドだと聞いて、逆にふっと気が楽になってすぐに仲良くなった。

私にとって中国のあんな状況と戦いながらロックをやっている仲間達のことはまぶし過ぎたのだ。同じように芸能界の中でうまくやりながら何とか「ロック」であり続けようとしている彼らの方が、自分の境遇に似ているところもあってシンパシーを感じた。

香港はまだ中国に返還されておらず、中国大陸の中国人、台湾の中国人は共に俗に「北京語」と呼ばれる「普通語（英語でマンダリンと呼ばれる中国共通語、この項では便宜上これを中国語と呼ぶ）」を喋るのに対して、香港の彼らは中国のひとつの方言である「広東語」を喋る。彼らが最初に私と会った時に、私が彼らよりじょうずに中国語を喋ることにびっくりしたということも私たちの間を急速に接近させた。

当時所属事務所の国際部は英語がメインで、広東語はおろか中国語を喋れるスタッフすらいなかったので、彼らは事務所の人間とは学習言語である英語でコミュニケーションを取るよりなかったのだ。

日本人にはちょっとわかりにくいニュアンスになるが、「中国語」というのは「中国人の民族の言葉」というニュアンスがあり、中国人であるのにそれが喋れないというのは彼らに取って大きなコンプレックスであった。そんな中で日本人なのに自分たちより中国語がうまいという私のことを彼らはもう「中国人」だと認識した。

アジア最大のバンドBEYOND

私にとっては彼らはまぎれもない「中国人」であり、彼らと一緒にいる空間は私にとっては日本の中の「中国」であった。

彼らにとっても、日本人のくせに周りには中国人の友達しかおらず、部屋の中は中国のものばかりである私のマンションはもう日本の中のひとつの「中国」であり、お互いに非常に居心地がよかったのだろう。毎日どちらかが先に仕事が終われば相手の仕事が終わるのを待って飲みに行くという生活が1年間以上続いた。

「日本に拠点を移して活動するためにはやっぱ日本人の彼女が必要だろ!!」

そう言って「女朋友女朋友《ニュィーポンヨウ》」とウルサイ彼ら、特にドラムのウィングとボーカルのコマには何人の女性を酒の席で紹介しただろう。結局彼女ができたのはウィングの方だった。世界中の中華圏では知らない人がいないというアジア最大のバンドのボーカリストも、BEYONDの存在すら知らない日本では少々分が悪かったようだ。ウィングの方がルックス的には男前だったのだ。

日本にいて日本ではない「日本の中の中国」で暮らしていた私は、つかの間の日本でのストレスを忘れていた。このままこの蜜月が続けば、お金を稼ぐ「仕事」として日本での所属事務所が与える仕事もまあ何とかこなしていくことができるだろう。

私とBEYONDのメンバー達の仲がある日突然悪くなることなどあり得ないことである。きっとこの生活がずーっと続くだろうと思っていた矢先に、誰しもが想像だにしない世界中の中華圏を震撼させる大事件が起こることとなる。

STORY

3

悲しみを乗り越えて

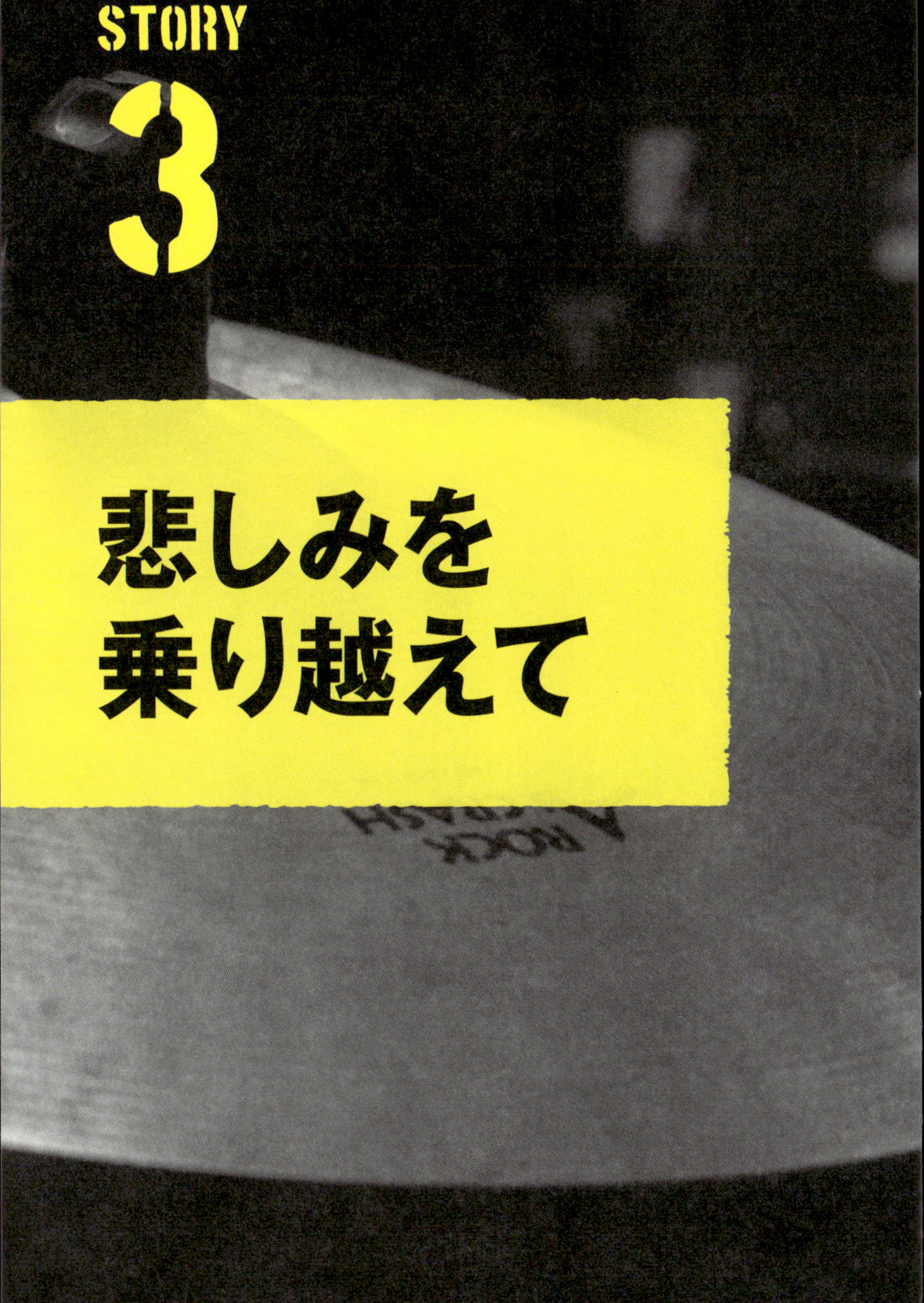

≫転落！　昏睡！

そのショッキングなニュースが世界中の中華圏を駆け巡る前に小さな事件があった。

当時ギターのポール（PAUL）には香港人の彼女がいて、日本に滞在している彼を訪ねて香港から遊びに来ていた。彼らも最初の頃はホテル住まいだったが、この頃にはもうそれぞれが小さなアパートを借りて暮らしていた。

「ファンキー、大変だ!!　すぐに来てくれ!!　彼女が腹痛で苦しんでいる」

真夜中に彼らから電話を受けて私は飛び起きて車に飛び乗った。

しかし引っ越したばかりで彼らの住んでいるアパートの住所がわからない。彼らに電話をして聞いても広東語と中国語とのギャップであまりよく伝わらない。彼らのネイティブな言語は広東語、私の中国語と同じく学習して喋っている状態なのでこんなとっさな局面ではお互いにボキャブラリーが足りないのだ。

おまけにまだまだ携帯電話が普及していない時代である。一度家を出たらお互いに連絡を取るのが困難。ポケベルに今の居場所の電話番号を打つか、もしくは自宅の留守番電話を経由してメッセージを残し合うしかない。おまけに言葉のギャップまであったらまるで対処できないのである。

私はすぐに所属事務所に連絡を取ったが、この時間に事務所に人が残っているわけもなく、担当マネージャーも英語しか喋れないのだからまるで役に立たない。

「お前ら香港のバンドと契約するのにどうして広東語を喋れるスタッフぐらい用意していない!!」

私は電話を切って自らの中国人の人脈から広東語を喋れる華僑を探し出して夜中に呼び出した。何とか住所を確認して救急車を差し向けて、私は119番を留守番電話代わりにして病状や搬入される病院を聞き出し、やっとその病院で彼らと会うことができた。

「何でこんな目に遭わなきゃならないんだ。日本なんかに来たってろくなことがない」

彼女の容態を心配するポールがそう吐き捨てるように言った。

来日当初のBEYOND

結局彼女の病状はすぐに命に別状がある状態ではなかったが、言葉の通じない外国での治療は不安が多かろうということで翌日に緊急帰国した。
その小さな事件はこれだけである。実は最近まで私はこのことを忘れていた。しかし今になってみれば次に起こる大事件の呼び水のような気がしてならない。
それから数カ月後にその大事件が起こった。1993年6月24日夕方、ドラムのウィングから電話がかかってきた。明らかに取り乱している。

「黄家駒《ホアン・ジアージュイー》が事故!!　舞台から転落!!　テレビ収録!!　昏睡!!　東京女子医大病院!!」

広東語がネイティブな彼と、たかだか一年ちょっと独学で勉強した日本人である私との中国語会話なんてこの程度のものであるが、それでも事の重大さは十分理解できた。すぐに事務所に電話をかけて事情を聞くと、フジテレビのバラエティー番組「ウッチャンナンチャンのやるならやらねば!」の収録中に、ボーカルのコマがパーソナリティーのウッチャンと共に舞台から転落し、ウッチャンは命に別状はないがコマは意識不明の重体だという。

私はイヤな予感がした。香港でロックをやりながらバラエティー番組にも積極的に出演して今の地位を得たBEYONDが、さらなるステージに昇っていくために心機一転日本に拠点を移し、その挙げ句がバラエティー番組の収録中に事故というのが何となくすっきりしなかったのだ。

「万が一コマが死ぬようなことがあったら全世界の中華圏はえらいことになるぞ」

そんな不安を心に抱きつつ、タクシーは病院に着いた。


病室は面会謝絶で、そのロビーではBEYONDのメンバーがおろおろしながら気を揉んでいた。担当医からも話を聞くことができたが、急性硬膜下出血、頭蓋骨骨折、脳挫傷など素人が聞いただけでも生きているのが不思議な状態であるとしか思えない聞き慣れない医学用語が並ぶ。

「死なせちゃダメだ!!　俺が絶対に死なせやしない!!」

安宮牛黄丸

世界中の中華圏にショッキングな大ニュースとして伝わったアジア最大のロックバンドBEYONDのボーカリストの転落事故のニュースは、その事故が起こった日本のメディアでは歯がゆいほど小さい扱いだった。一緒に転落した全治2週間のウッチャンのことばかり報道されたり、ひどい記事では「韓国のアイドル」と間違って紹介されていたり、まるで生死の境を彷徨っているコマよりも事故を起こした番組の存続を心配するようなメディアの報道に私は憤りを抑えられなかった。

事務所は逆に連日トップニュースで報道する香港や台湾のメディアに対しては、デマなどを書かれないように慎重に扱ったがために「日本側がこのことに関して情報規制をしている」と叩かれたりした。

しかし現実は情報など公開してもひとつとして希望的な情報などないのだ。コマはもう西洋医学では手の施しようがない状態だった。

当然ながら「藁をも掴む思い」で東洋医学に頼ろうとする。「安宮牛黄丸」という漢方薬が効果があると聞いて、私はすぐに北京の黒豹《ヘイバオ》に電話をかけた。

アジア最大のレコード会社ロックレコードと契約して香港台湾で発売されていた黒豹《ヘイバオ》の

ファーストアルバムは、前の年には正式に大陸でも発売され、海賊版も含めその後どのバンドも越えられないほどの売上を記録していた。ボーカルの窦唯《ドウ・ウェイ》が脱退した後はキーボードの栾 树《ルアン・シュー》がボーカルを取っていて、その頃には新たなキーボーディストを入れてボーカルとして立って歌っていた。

2カ月前には北京首都体育館にてソロコンサートを開いている。あれほどロックを目の敵にしていた中国共産党は、この頃には「ロックは儲かるもの」とその考えをシフトしてきたようだ。「会場に着いたら絶対口を開くなよ。外国人と分かったらどんな目に遭うやらわからない」と強く言われてドラムを叩いた天津体育館のステージでも一緒だった「一九８九」というバンドがその日のオープニングアクトで、その時の彼らのギタリストはアメリカ人だったし、ボーカリストが変わったものの、みんなが知ってる大ヒット曲を歌う黒豹《ヘイバオ》に対して2万人近いオーディエンスは総立ちとなり、警備をする人民解放軍はもう誰ひとりとしてそれを止めようとしなかった。

「立ち上がったら逮捕される」という時代は終わり、このコンサートは中国ロックの歴史の上で最初に観客が総立ちになったコンサートとなった。

共産党がこの「ロック」のコンサートを許可した大きな理由、「収益のすべてを老齢年金のために寄付すること」という条件のために、アンコールで登場した栾树《ルアン・シュー》がその目録を政府関係者に授与するセレモニーを舞台袖で見ながら、「俺の人生を変えた中国ロックの黎明期はここに終焉を迎えた」と思った。これからは中国ロックは成熟期を迎え、日本やアメリカと変わらず商業的なムーブメントが待っているのだろう……。

そんな時に私は商業的に一番成功した香港のバンドBEYONDと日本で一緒に過ごし、そのボーカリストの命を救おうとやっきになっている。

「安宮牛黄丸を手に入れてくれ!!」

私は栾树《ルアン・シュー》にお願いした。そして、出入り禁止で病院の周りにたむろしている香港のメディアに対して、事務所には内緒でその情報をリークした。香港、台湾の翌日の芸能誌の一面にはその情報がトップで流れるはずである。

中国大陸で、香港で、台湾で、すべての中国人がコマの命を救うために、決して安くはないその漢方薬をやっきになって探した。

ところがその漢方薬に日本の薬事法に抵触する成分が含まれているということで、税関でその薬はすべて没収されてしまった。上手く持ち込めたものや、日本にいる中国人が中国人ネットワークで手に入れた薬はいくつか病院に集まったが、日本の医師は薬事法に触れる薬を患者に投与するわけにはいかない。世界中の中華圏の人々がすがった「藁」は本人に届くことなく水際ですべて却下されてしまったのだ。

私はまたこの国に大きく絶望した。

安宮牛黄丸

黄家駒《ホアン・ジアージュイー》の死

香港のメディアでは日本での彼の愛称「コマ」は英語で「昏睡」を意味するComaを連想させるので不吉だと報道された。それを受けてここからは彼のことを本名である「黄家《ホアン・ジアー》駒《ジュイー》」と表することにしよう。

東京女子医科大学病院ＩＣＵ前待合室はさしずめ「中国」だった。

香港のメディア達はさすがに病院外で何か情報をとカメラを待機していたが、それを病院に入れまいとする事務所も香港からかけつけて来た黄家駒《ホアン・ジアージュイー》の家族までを締め出すわけにはいかない。24時間ずーっとたくさんの香港人がたむろしている待合室は病院にとっても他の患者さんにとっても迷惑な話だっただろうが仕方がない。これが普通の無名な患者さんのご家族であっても「規則ですから」と言って冷酷に締め出すことなど、いくらマニュアル社会の日本であったって人の心を持ってればできることではないだろう。

ひとりの若者がここでその人生を終えようとしているのだ……。

しかしやはり日本人のモノの考え方と中国人のそれとは大きく違っている。友達がやって来てそこに入っていくのを「家族以外は立ち入り禁止ですからね」と言ったって、中国人にとっての「友達」というのは「家族」と同じなのだからコントロールしようがない。

日本人で自由に出入りしているのは私と、事務所の直接の担当者とトップの幹部クラスの人間だけである。そんな中に私がドラムのウィングに紹介した日本人の彼女が出入りしていた。彼女は当時同じ事務所に所属する歌手で、事務所としては「何でこの女が」と思うだろうが、中国人にとっては「メンバーの彼女＝家族」なのだから仕方がない。

私もウィングの精神状態を考えると「時間がある限りなるだけヤツのそばにいてやってくれ」と言うしかない。しかし事務所としては「彼女のマネージメントをする会社としては、それはやってほしくない」と考えた。私はもうそんな日本の「芸能界」にいい加減うんざりしていた。中国では共産党に目の敵にされながら自分のやりたいロックをやり通した仲間があれほどいるではないか!! 男女関係が発覚して歌が歌えないようになるんだったらそんな歌なんてやめてしまえばいいのだ!!

病院に運び込まれて2日目の１９９３年6月26日、意識不明のままだった黄家駒《ホアン・ジアージュイー》が突然危篤状態に落ち入った。西洋医学に見放されているのだから東洋医学に頼るしかない。大阪から気功師がやって来て治療に参加する。世界中の中華圏から藁をもすがる思いで集められた漢方薬は医薬法に阻まれて投与することはできなくても、効果があるのかないのかはわからないが気功なら別に法には触れない。

香港のメディアでは毎日毎日トップニュースでこの事件のことを扱い、どんな小さなことでも報道していたが、日本のマスコミは相変わらず何も興味がないかのように扱わなかっ

BEYONDのボーカル
黄家駒

た。容態は一進一退を繰り返していて、28日には事故を起こしたフジテレビで大々的な記者会見が行われたが、それも日本のメディアに大きく扱われることはなかった。

世界中の中華圏では知らない人はいないというＢＥＹＯＮＤもここ日本では全くといっていいほど「無名」。資本主義の世の中で「無名」ということは「価値がない」ということなのである。

香川県坂出市という街で「ロック」の洗礼を受け、東京に家出して出ていく時に街の人はみんな「音楽で成功するなんて無理だからやめろ」と止めた。別に成功したくてロックの道を選んだのではない。「このスピーカーの向こうにいる人達は神様だ。俺もそんな神様になりたい」と思っただけのことである。

だが運命は私を「有名人」にした。紅白歌合戦に出場してからは手のひらを返したようにみんな「お前はいつかやると思っていた」と言い出した。「有名である」なんてたかだかこの程度のことなのだ。日本で何の価値もないかのように扱われているこのＢＥＹＯＮＤだって、ところ変われば知らない人はいない存在ではないか。それだけの話なのだ!!

１９９３年６月30日午後４時15分、中国ロック界でかけがえのない存在である一人の若者が、彼のことを誰も知らない異国の地でこの世を去った。

愛、平和、僕たちに力を

東京女子医大病院の待合室には衝撃が走った。黄家驹《ホアン・ジアージュイー》のご家族関係者はその場で泣き崩れ、ドラムのウィングは気を失って私の腕の中に倒れこんできた。

ウィングはそのままうわ言のように何かつぶやいていたと思ったら、いきなり気が狂ったようにケタケタと笑い出してこう言った。

「ヤツはなあ、今真っ白でとっても気持ちのいいところにいるんだ。酒飲むよりもセックスするよりももっと気持ちいいんだってさ。ケケケケ……」

その笑い声はご家族関係者の泣き叫ぶ声の中でひときわ涙を誘った。

毎日毎日一緒に酒飲んで、「女朋友《ニュィーポンヨウ》!! 女朋友!!」とウルサいので女の子紹介して、いつもいつも失敗してまた酒飲んで……という彼との一年余りの生活が思い出されてきた。

最後に一緒に飲んだのは事故に遭う数日前、ジャズクラブでの私のセッションを見にきてくれた時だった。

「凄いよ!! 全く凄い演奏だった!! 毎月やっているのか？ 来月も必ず見に来るよ!!」

それが彼が私に残した最後の言葉である。

ジャズとかをやっている時に一瞬トリップして身体が浮いてしまうような感覚になる時が

ある。何かが降りてきて、「自動書記」のように何者かの力で演奏させられているかのように錯覚する。脳内麻薬がいっぱい出ているのだろう、確かに真っ白で気持ちのいい世界に行くことがある。演奏家達は「神が降りて来る」という言葉でそれを表現するが、ひょっとしたら彼の魂はその世界に昇って行ったのかも知れない。

入れ替わり立ち替わり関係者がやって来ては帰り、しばらくしてから事故のあったテレビ番組の司会であるウッチャンがやってきて、「どうもすみませんでした」と深々とお辞儀をして詫びを入れたが、誰もウッチャンのことを悪いなどと思ってはいない。ただただショックで、そして空虚だった。

心の中にぽっかりと穴が空いてしまったのは誰もが同じだが、中心人物を失ったBEYONDというバンドはその穴が一番大きかった。

「中心を失って僕たちはこれからどうやって活動していけばいいんだ……」

数時間してちょっと落ち着いたメンバーにそう相談された。

「3人で力を合わせてまた頑張っていくんだ。きっと大丈夫だよ!!」

私は彼らをそう励ました。ただただこの事件でバンドが解散してしまうのだけは寂しかった。何とかこのバンドを続けてほしい、失ったものはもう戻らないが、せめて全部なくなってしまうのだけはもう耐えられないではないか。

夜には自宅に帰って酒を飲んだがあんまり酔えなかった。彼らがうちに飲みに来た時に置いていったＣＤをかけてみた。考えてみればいつも飲んでばっかりでまともに彼らの音楽を聞いたことがない。

アフリカに戦争孤児を慰問に行って作った彼らの曲、「ＡＭＡＮＩ」を聞いて衝撃を受けた。「戦争の影でいつも傷つくのは何の力もない子供たち、僕は歌うよ」という詞に続いてスワヒリ語で「愛、平和、僕たちに力を」とサビを歌う。そのサビとサビの間に「ずっと歌うよ」と続いた時に涙が溢れて止まらなくなった。

「こいつら実はこんな凄いメッセージソング歌っていたんだ……」

どこか心の中で彼らを低く見ていた。彼らと違って北京のロッカー達は共産党に目の敵にされながら不自由な思いをしてロックをやっている。だからこそ本物のロックがやれるのであって、香港のバンドは日本と同じく何不自由ないところでロックやって、売れて金持ちになって、そんな状況で本物のロックなんてやれるわけない。きっと自分がロックではない状況であるのと彼らは同じだろうと勝手に思って親近感を感じていたのだ。

「ロックなんて環境でやるもんじゃない。どこにいたってどんな環境だってロックはできるんだ!!」

サビのリフレインで黄家驹《ホアン・ジアージュイー》が何度も何度も繰り返し「僕は歌うよ」「歌い続けるよ」と歌う。その黄家驹《ホアン・ジアージュイー》はもうこの世にいない……。

私は一晩中この曲を聞いて泣き続けた。

≫香港の葬式

香港を、いや全世界の中華圏を代表するロックバンドBEYONDのボーカリスト、黄家駒《ホアン・ジアージュイー》の遺体は、死亡した2日後1993年7月3日に成田発キャセイパシフィックCX505にて香港に運ばれ、翌4日には香港島にある香港殯儀館に安置された。

日本では「どこかの国のアイドルがフジテレビのバラエティー番組の収録中に舞台から転落して死亡」ぐらいの報道しかされなかったが、地元香港では当然の如くすべてのメディアはこの事件を連日トップニュースとして扱い、時代が時代だったら反日感情が爆発して国交問題にまで発展するかの勢いであった。

事務所の人間は翌日行われる葬儀に出席すべく香港に飛んだが、地元の人にどんな目に遭わされてもいい覚悟で渡航したのだろう、どのスタッフも私に「中国語でごめんなさいは何て言うの?」と聞いてきた。しかし実際に危害が加えられたスタッフはいない。香港の人達もみんなあまりに「悲しみ」が大き過ぎて、誰かを憎むとかそんな風に頭が回らないのだ。

葬儀場では事務所のスタッフはみな遠慮して一般席に座ったが、BEYONDのメンバーは私を家族席に座らせた。ドラムのウィングは自分の彼女も同様に家族席に座らせたが、彼女は同じ事務所に所属する歌手なので事務所はこのことを快く思っていなかった。自分達が一般席なのにという嫉妬心もあったのかも知れないが、マネージメントする会社としてはこんなに大っぴらにボーイフレンドの側におられては困るという考えを私に伝えた。私はもうそれに対してケンカをする気力もなかった。

葬式は道教のやり方に則って行われたようだ。民族楽器を奏でる楽隊が演奏したり、キョンシーのような道士が踊ったりして、日本の葬式に比べたらかなり賑やかである。紙でできたお金や、車などを火にくべて一晩中燃やしたりもする。死んであの世に行ってもお金などに困らないようにという風習らしい。彼の場合は紙でできたギターもあった。あの世に行ってギターがなかったら困るだろうということなのだが、それがよけいにロック界にとって一番大事な人を失ったということを実感させて物悲しかった。

「黄家駒《ホアン・ジアージュィー》はあの世に行ってもロックをやっているのかなぁ……」

そんなことを考えたらふとひとつのメロディーが浮かんだ。ジャズの追悼曲のようなメロディーである。私はそのメロディーを大事に持って帰った。

葬儀が行われた香港殯儀館

7月9日には芝の増上寺で日本での葬儀が行われた。私はその夜に友人の小さな喫茶店でのジャズライブが入っていたのだが、葬儀が昼間だったので参列することができた。突然友人代表として弔辞を述べることになったが、そんなことは聞いていなかったので何も原稿を用意していない。即興で彼に対する思いを喋っているうちに、だんだんと大きな悲しみが込み上げてきて、この時私は初めて人前で声を上げて泣いた。

葬儀場を後にして夜のジャズライブ会場に向かった。電車の中で香港で浮かんだメロディーを譜面にして、それをピアニストとベーシストに渡せばすぐに演奏できる。お客さんも数人しかいないジャズライブ。溢れ出す大きな思いを一生懸命抑えて小さな音でドラムを叩く。

演奏が佳境になって一瞬身体が浮くような不思議な感覚になった。頭が真っ白になって自分がドラムを叩いてるのではなく何者かの力によって叩かされているような感覚……。

「ああ、この場所に黄家駒《ホアン・ジアージュイー》がいるんだ」

その扉の向こうに絶対に彼がいるような気がする。

「また必ずお前のドラムを聞きに来る」と言い残して帰らぬ人となった彼は、そこでいつも俺のドラムを聞いているんだ……。

はっきりとそうわかったらもう「売れる」だの「売れない」だのは関係ない。その場所に毎回行けるように修練すればそれでいいのだ。

日本という島国だけではまるで認められなかったが、その他の中華圏では神様となった仲間がいる。共産党の音楽以外は音楽でもなかった時代にロックをやっていた仲間たちがいる。今ここでどうであるなんてことは実は何の意味もないのだ。正しいことはすべてその真っ白な世界の中にあるのだ!!

亜洲鼓魂《エイジアン・ドラム・スピリッツ》

香港での黄家駒《ホアン・ジアージュイー》の葬式の時に思い付いたメロディーで「Memories」というジャズ曲を作り上げ、私の気持ちは自分のソロアルバムを作ることに大きく傾いていた。

ジャズのセッションも頻繁に行っており、私を見れば「有名人」としか思わないロック界と違って、ジャズ界という世界は有名無名よりも「腕」だけが勝負なのが私にとっては生きやすかった。

ソロアルバムの構想もまだはっきりしていなかったこの頃は、私には後に「五星旗」というユニットとなりNHK中国語会話のテーマソングなどに使われるようになる「中国の民族楽器とジャズとの融合」のコンセプトが漠然とあったぐらいである。ソロアルバムを作るのに爆風スランプと同じものを作っても仕方がない。もしも爆風スランプが活動している世界をすべて排除したとしたら、私には「中国」と「ジャズ」しか残っていないのだから……という考えであった。

所属事務所は私の夢を叶えるべくソニーレコードの会議室でミーティングを開いてくれた。その参加メンバーの顔ぶれはレコード会社の幹部クラスが集まって錚々たるものであったが、私が「ジャズのアルバムを作りたい」と発言した時には全員が落胆して顔を見合わせた。

「そんなものが50万枚売れるのかね？」

と幹部たちは聞いた。

「ジャズ界は1万枚でヒットと言われてますが5万枚は売る自信があります」

と答えると、ぷっと吹き出してこう言った。

「爆風スランプのメンバーのソロアルバムを作って、どうして50万枚も売れないものを我が社が発売しなきゃなんないのかね？」

大笑いの中ミーティングはそのままお開きになった。

私は釈然としなかった。私は知っている、日本で正しいと思われている価値観なんて他の国では何の価値もなかったりすることを。あのBEYONDの曲だって中華圏では知らない人がいないスタンダードなのにここ日本では誰も見向きもしなかったではないか。中国で出会った中国ロックのどのバンドも日本人が誰も見向きもしなかったのにみんな中国では大成功を収めたではないか。

天国で黄家駒《ホアン・ジアージュイー》が俺のことを見ている!! 私は売れる音楽を作りたいのではない。絶対的に「いい」音楽を作りたいのだ。その音楽がこの国で評価されなくたって、絶対的に「いい」ものだったらそれが評価される国が絶対にある。こんな国なんて捨ててしまってそこに移住すればいいだけの話である。


所属事務所と所属レコード会社の人間はもう誰も私を相手にしてくれなくなった。しかしアジアブームがまさに始まろうとしていた当時、別の音楽業界の会社は私の話に大いに興味を持った。私は当時毎月「アジア会」というアジアオタクが集まる飲み会を催していたが、そこに集まる業界関係者はレコード会社では東芝ＥＭＩやＪＶＣビクター、プロダクションではサンミュージックやホリプロなど日本の音楽界を代表する錚々たるメンバーで、中国やアジアに対する夢を飲みながら熱く語っていた。

そんな中から「じゃあうちからソロアルバムを出しませんか?」と声を上げてくれるレーベルが現れた。

「レコード会社との契約はどうなってますか?」

そこからいろいろと契約関係を調べてみるのだが、当時の日本の音楽界はレコード会社と所属事務所とアーティストの三者契約を結ぶのが一般的だったが、爆風スランプは最初は自分達のプライベート事務所、そしてそれから2回所属事務所が変わっていて契約関係などぐ

アルバム『亜洲鼓魂』

しゃぐしゃである。記憶を辿ってもどことも契約書など交わした記憶などありはしないのだ。

所属事務所は骨を折って根回しをしてくれた。もともとはこの自社所属アーティストのアルバムを自分達がちゃんと発売してあげられていたらこんなことにはならなかったのだ。それができないとなったらこの男は自分の力でそれを見つけてくる。それを妨害すれば爆風スランプなどぶっ潰してしまう勢いで大暴れしてしまうだろう……。

どういう話でソニーレコードと話をつけたのかはわからないが、正式に所属事務所はこれを許可した。きっと「どうせ売れないだろう」と思っていたのだろう。そりゃそうだ、日本を代表するレコード会社であるソニーレコードが「そんなものが50万枚売れるんですか?」と明言したのだ、売れるわけがない。

しかしライバルプロダクションのレーベルから出したこのアルバムは、結果的に中国で海賊版も含めて１００万枚以上売れ、最終的にはその功績で「日本レコード大賞アジア賞」なるものを受賞するまでになる。

運命の出会い

92年から再び始まった改革開放により、中国の「社会主義市場経済」における経済成長は一気に加速した。それに伴って、１９８９年の天安門事件をきっかけに中国から撤退していた多くの日本企業は徐々に中国に戻っていき、その余波は日本の経済界のみならず音楽界にまでにも波及した。テレビ局は中国やその他アジア諸国の音楽を紹介する番組を作り、レコード会社は93年に東芝ＥＭＩが崔健《ツイ・ジェン》と、94年にはＪＶＣビクターが黒豹《ヘイバオ》と契約し、彼らのレコードの日本版を発売した。そして音楽プロダクションは中国のその大きなマーケットを意識して巨額のジャパンマネーを暗黒大陸につぎ込み始めていた。

日本最大手のプロダクションのひとつである「ホリプロ」は、自社の新人発掘オーディション「ホリプロタレントスカウトキャラバン」のノウハウを生かし、「中国で第二の山口百恵を探せ!!」という目標を掲げて全中国で参加者40万人ともいえる大規模なオーディションを行った。私のソロアルバム「亜洲鼓魂《エイジアン・ドラム・スピリッツ》」を発売しようと言って下さったのは、このセクションに併設されたアジア音楽専門のレコードレーベル「サウンデイジア」である。

担当者は私にいっぱい面白い話をしてくれた。

「ファンキーさん、もうね、無茶苦茶です。我が子をスターにしたい親が、みんなの見てる前で審査員に札束渡すんですよ。そしてその審査員も悪びれずにそれを受け取って、堂々と一番いい点数を入れるんですから」

笑いながらそう語る担当者を私は大好きになった。中国で起こるいろんな不条理なことに腹を立てる人は中国を嫌いになるし、それを笑い飛ばせる人は中国を好きになる。この人もきっと中国のことを大好きなのだろう。

ドタバタで終了したこのオーディションの中から、ホリプロは三人の女性タレント「ダイヤオ、リウジェ、チャンチェン」を、「中国新世代三人娘」として95年にこのレーベルから日本デビューさせた。今どきの歌謡界でいう「センター」は「戴娆《ダイヤオ》」で、日本側は一押しとしてテレビ局がドキュメンタリー番組を制作していたりしたほどの熱の入れようである。

ところがこのコンテストで銅賞を取りながらもこの三人娘に入れてくれなかった女性タレントがいた。名を「李慧珍《リー・ホイチェン》」という。温州から出てきた田舎者で、北京の水が合わず、オーディション後には吹き出物が出たり太ったりで、日本側としては彼女を外して別の女性タレントを入れて「三人組」としたのだが、その歌の上手さに思い入れを持っている中国側は彼女を何とかしたいとやっきになっている。

間に立ったレーベルの担当者が彼女を私に紹介した。当時はまだ17歳、ちょっと太めの田舎者っぽい素朴な感じが私にはとても可愛く思えた。何よりも彼女は当時の中国ではまだ珍しかった「ロックファン」である。共通の友人はすべて中国ロックの友人達で、懐かしい旧友の話題で話がはずんだ。

「ファンキーさんのソロアルバムで彼女にも何か一曲歌わせてあげてもらえませんか?」

私は二つ返事でその申し出を受けた。別に彼女の歌声を聞いたわけではないが、どうせ中国40万人のコンテストで銅賞を取っているのだ、歌唱力は申し分ないだろう。

運命とは不思議なもので、偶然このように「中国の民族音楽」「ジャズ」そして「中国ロック」が混在するアルバムのコンセプトができ上がり、このアルバムは後に、中国ロックのバイブルとしてロックを志す多くの中国の若者に影響を与えるアルバムとなるのである。

李慧珍と著者

思い起こせば私と彼女とのこの出会いこそが運命であった。彼女の「喉」は天性の「ロックシンガー」の喉であった。１９８６年に崔健《ツイ・ジェン》によって初めて生み出された「中国ロック」は、その後黒豹《ヘイバオ》やいろんな次の世代のバンド達に世襲され、巨大になり、そして商業化されていった。そして次には「作られたロッカー」の時代となる。ロックの精神を持ち合わせているわけでもない、ロックな生活をしているわけでもない、ただロックな「喉」を持っている少女が、プロデューサーの手によって「ロック歌手」としてデビューする。

私が夢見た「彼女と一緒にロックで中国大陸を席巻する」という夢は数年後に叶うこととなる。そしてそれは、自分が愛した中国ロックに自ら引導を渡すようなことであることをこの頃にはまだ気付いていない。

爆風スランプがなくなっちゃうよ

１９９５年、私のソロアルバムの制作が始まった。

私はアルバムに日本語の楽曲を入れるつもりもなく、中国語と朝鮮語とモンゴル語、そしてさらに国境を超えるべく歌のないインスト曲も多く収録されていて、完全にアジアをターゲットとしたアルバム作りである。

「こんなのが売れるの？」

と日本の音楽業界の人は首をかしげたが、もともと私もレコード会社も日本のマーケットなどまるで意識していなかったので気にしなかった。

私は今まで「売れる」ためにいろんなことをやってきた、いや、「やらざるを得なかった」。売れるために作ったものが売れなかった時のみじめさをいつも強く感じていた。楽曲とは音楽家の「子供」のようなものだ。親元を離れて世の中に大きく羽ばたいていく曲もあれば、こんなに可愛くて素晴らしい子供なのに世の中に全然受け入れられない子供もいる。売れるために生まれてきて売れなかった子供は、売れなければ生を受けてすぐに役目を終えて抹殺されてしまう。だから親の下らない事情を度外視して、「本当に素晴らしい子供たち」を私は生み出し、育てていきたい、それはきっと天国にいる黄家駒《ホアン・ジアージュイー》に届くはずだから……。

かといって私は「売れること」を一切拒絶したわけではない。日本の音楽ビジネスの中心でいろんなことを学習した日本人として、私ほど中国のマーケットに精通している人間はいないのだ。中国共産党が目の敵にしてきた「ロック」という音楽が、どうやってこの国の人民に広がっていったのかを目の当たりに見てきた、この国の言葉を喋って生活し、この国のことしか考えていない日本人の音楽家なんて日本には私ぐらいしかいないのだ。

日本での数々のセッションで知り合った日本のトップクラスのジャズミュージシャンをレコーディングに呼んだ。モンゴルの民族歌唱「オルティンドー」とドラムソロの共演、中国の民族楽器とジャズとの融合、そして中国のオーケストラと共演したかったので、日本のクラシック音楽家からオーケストラの編曲も学んだ。香港のBEYONDのギタリストであるポールや、黒豹《ヘイバオ》のギタリストである李彤《リー・トン》、そして中国のロックバンドの中で一番の速弾きギタリストである唐朝《タンチャオ》のギタリストである老伍《ラオウー》も呼んで「中国三大ギタリスト共演」というキャッチコピーも考えた。どれも日本のマーケティングにおいては「売れる」ということからは程遠いものばかりである。

すべての楽曲のレコーディングが終わり、それを日本に持って帰って「トラックダウン」という最終作業を行う。当時中国ではCDはまだ普及しておらず、日本ではもうすたれてしまった「カセットテープ」による販売なので、私はさらにこだわりを見せて、A面の5曲を曲間をつなげて長い1曲のように、またそれを聞き終わったら裏返してB面のオーケストラとの組曲を含む4曲が1曲に聞こえるような編集を施した。高校の頃初めてロックを聞いた時、あの大きなLPレコードをワクワクしながらひっくり返したその高揚感を、カセットテープでこれを聞く中国人に与えてあげたかったのだ。

トラックダウンのその日、爆風スランプの所属事務所のマネージャーが陣中見舞いにやってきた。ビールなどを差し入れてくれて、それを一緒に飲みながらA面を聞き終わった途端、マネージャーは焦り顔で私にこう言った。

「末吉さん、すみません僕もう帰ります」

「まだB面があるよ、どうしたんだい?」

と聞くと彼は目に涙を浮かべてこう言った。

「3曲目のバラードを聞いてて、最後の転調で涙が出て来ました」

ホリプロが紹介してくれた女性ロックシンガー李《リー》・慧珍《ホイチェン》が歌うリーディングソングである。

「凄すぎます!! もうこんなことしてられない!! 事務所に帰って爆風スランプの活動企画を練ります!! 末吉さんがいなくなっちゃう!! 爆風スランプがなくなっちゃうよ!!」

ロック歌手「李慧珍《リー・ホイチェン》」

ソロアルバムの制作が終わったら、すぐ翌年97年には李慧珍《リー・ホイチェン》のデビューアルバムの制作が始まった。日本で鳴り物入りでデビューした戴娆《ダイヤオ》はプロデューサーを含めてすべてが日本制作だったのに対して、李慧珍の制作は私以外の日本人はおらず、すべて中国側の制作である。

北京のスタジオでリズムレコーディング。私はレコーディングミュージシャンとして黒豹《ヘイバオ》のギタリスト李彤《リー・トン》を指名し、キーボードは黒豹《ヘイバオ》を脱退した栾树《ルアン・シュー》の代わりに新加入した冯小波《フォン・シアオボー》、ベースは崔健《ツイ・ジエン》バンドのメンバーであった刘君利《リュウ・ジュンリー》にお願いして北京に向かった。

まるでバンド、あの時黒豹《ヘイバオ》のメンバーとして誘われたのを断った後悔を払拭するように、自分が愛した中国ロックの「バンド」を結成したようなメンバーである。彼女をボーカルに据えて、自分がやりたくてやれなかった中国ロックの「バンド」を結成したような気持ちである。

「こんなメンバーであなたのアルバムをレコーディングするからね」

私は国際電話をかけて李慧珍《リー・ホイチェン》にそう伝えた。すると彼女が不思議なことを言う。

「ファンキー!!　聞いた？　あのニュース!!　私の曲がヒットチャートに入ったの!!」

言っていることがさっぱりわからない。今からデビューアルバムをレコーディングしようというのに、どうしてレコーディング前に彼女の曲がヒットチャートに入ったりするのか……。

北京に着いてよくよく聞いてみたら、どうも中国側が勝手に録音した音源を放送局に送りつけてチャートインさせたということらしい。

中国のチャートは日本の「オリコン」などの売上チャートではない。もともと海賊版が多すぎて売上枚数などちゃんとカウントできないので、ラジオでのオンエアー回数でそのラジオ局のチャートを発表しているのだ。全国のラジオ局でチャートインしているというので、もうこの曲のアレンジを大きく変えることはできない。仕方がないので中国アレンジのままアルバムに収録することにした。

中国側が勝手にレコーディングした3曲を除いて、あと7曲をこのメンバーで一週間で完成させる。もともと腕のいいミュージシャンの上に、送った資料をちゃんと聞いて予習してくれていたのでバッキングトラックは順調に録《と》り進めていけたが、問題はボーカル入れである。

楽器演奏と違って歌は何度も歌い直していると声が枯れてしまって使えなくなるし、精神状態がすぐに歌に出てしまうのでそれもうまくケアせねばならない。

前回私のソロアルバムのレコーディングの時には、彼女はあまりのプレッシャーで声が出なくなり、最後には力み過ぎて喉から血が出たほどであった。ただでさえ「ロック」の曲なのだ、高い声も多いし喉に負担がかかるだろう。その時は2曲だけ録ればよかったが今回は7曲だからそのスケジューリングだけを心配していたのだが、歌い始めてびっくりした。ヒットチャートに入った「自信」もあるのかも知れない。もう歌に「大歌手」の風貌がある。

40万人のオーディションで銅賞を取って初めて日本にやって来て、日本側のトップと中国側のトップとの前で山口百恵の曲をレコーディングすることになって、あまりの緊張でうまく歌えなくてトイレに飛び込んで泣きじゃくっていた時代、北京の水が合わなくて吹き出物が出たり太ってしまったりして日本側から捨てられて、自分を押しのけて同期たちが鳴り物入りで日本でデビューして取り残された時代、そんな時代はもう過去のものとなってしまった。

奇跡のアルバムがもうすぐ完成されようとしている。私の夢と、彼女の夢が一緒になって龍となって中国大陸の空に舞い上がっていくような感覚である。

しかし最後まで順調にいかないのが中国である。レコーディングと平行して最終日にお披露目ライブを計画していたのだが、これがとんでもない大問題を生むこととなったのだ。

≫ドラムも叩けるヤクザ「赵明义《ジャオ・ミンイー》」

黒豹《ヘイバオ》は第二期ボーカリストの栾树《ルアン・シュー》が脱退し、第三期ボーカリスト秦勇《チン・ヨン》を迎えて、一番商業的に花開く第三期黒豹《ヘイバオ》の時代であったが、そのマネージャー業務をやっているのは、昔私の後を金魚の糞のようについて回っていたドラマーの赵明义《ジャオ・ミンイー》である。今回レコーディングには同じく黒豹《ヘイバオ》のギタリストの李彤《リー・トン》とキーボードの冯小波《フォン・シアオボー》にお願いしていて、同じメンバーでレコーディングの最終日にお披露目ライブをやろうと計画していたのだが、中国側の事務所はその頃商業的に成功していた黒豹《ヘイバオ》の名前を使って自社の女性アーティストを宣伝したかったのだろう、「李慧珍《リー・ホイチェン》の初ライブ、バックバンドは黒豹《ヘイバオ》」と銘打って、業界関係者のみならず一般入場客にもチケットを売り出していたのだ。

これにはさすがに、私が「ドラムも叩けるヤクザ」と呼んでいる赵明义《ジャオ・ミンイー》は烈火の如く怒り狂った。

「ことと次第によっちゃぁ尊敬するファンキーさんの頼みでも聞き入れるわけにはいかない、うちのメンバーはこのレコーディングとお披露目ライブからは全面撤退させて、関係者に法的処置を取る!!」

というような勢いである。

その前年の話になるが、脱退した栾树《ルアン・シュー》が黒豹《ヘイバオ》のメンバーと日本のＪＶＣビクターを相手取って訴訟を起こした。黒豹《ヘイバオ》がＪＶＣと契約したのは２枚目が発売されて日本側と共に３枚目をレコーディングしようという時で、自分が歌った２枚目のアルバムを、ＪＶＣはあたかも新しいボーカリスト秦勇《チン・ヨン》が歌っているかのようなプロモーションをしたということに対する損害賠償である。

「お前なぁ、友達を訴えるようなそんなみっともないマネをすんなよ!!」

と私はさんざん栾树《ルアン・シュー》に口を酸っぱくして言ったのだが、この訴訟は中国ロック界にとって初めての訴訟となり、時代を象徴するように双方の火に油が注がれて泥沼化してしまった。

私の愛した中国ロックは既に大きな「商業活動」となってしまっている。その権化である黒豹《ヘイバオ》が、自分の名前を使われて人が儲けることを許すはずがない。

万事休す……と思ったら、ヤクザの親分よろしく赵明义《ジャオ・ミンイー》が和解案を出してきた。

「まず一番大事なことは、どこの会社の人間も通すな！　直接あんたが出てきて話をしろ!!」

日本人はとかく「組織」を大事にするが、中国人は「人間」を大事にする。中国に行って騙された日本企業の話はよく聞くが、そういったケースはとかく日本側が「人間」ではなく「企業名」を全面に出したからだと私は思っている。日本の名刺はとかく企業名が大きく印刷されていて、そのブランド名で商売をしようと考えたりするが、中国人にとっては日本の有名企業から多額の金をせしめた中国人は英雄だが、友達を騙すような中国人はこの国では生きていけないのだ。中国人は「人間」とだけちゃんとビジネスをする。

「わかった。じゃあ俺が出ていく。会社は関係ない!!」

そう言って談判の席に出向いた私はさしずめ「ドラムも叩けるヤクザの親分」である。

あっという間に話がついた。

「ファンキーさん、僕らだって名前を利用されて他の人が儲けたんじゃやってられませんよ。だからお金で解決しませんか。僕ら黒豹《ヘイバオ》のメンバー全員にひとりいくら払って下さい。そしたら今回のことは目をつぶります」

中国において「金ですむ」ことほど簡単なことはないのだ。私はレコーディング予算からこの「名義料」を彼らに支払い、お披露目コンサートは無事に終わっただけではなく、その後李慧珍《リー・ホイチェン》は黒豹《ヘイバオ》達の妹分のような立場となって、黒豹《ヘイバオ》は「朋友《ポンヨウ》」として彼女をバックアップしてくれた。

これを中国では「関係《グアンシー》」といい、中国で生きていくためには絶対必要なノウハウである。当時の日本企業でこれを理解している人は少なく、アジアブームは巨大な負債を抱えて数年後には失速していくこととなる。

十大金曲作曲賞

日本では爆風スランプの「旅人よ～The Longest Journey」が猿岩石のテレビ番組のタイアップを受けてヒットチャートに昇っていた。

このタイアップの話を取ってきた時、レコード会社はミーティングの時に喜び勇んでその話をした。映像資料を見せて、「このイメージに合う曲を作って下さい」と言う。私は日本のバラエティー自体がそんなに好きでなかったし、「アジアを旅する」というテーマが私には何か嘘くさく見えて好感が持てなかった。猿岩石が見てる「アジア」よりも、自分が飛び込んだ「中国のロック」の方が数倍も生々しく、そしてドラマチックなのだ。

「末吉さん、どう思われますか？」

映像資料を見ながら浮かない顔をしている私にスタッフがこう聞いた。

「興味ないです。こんなこと私は自分の人生でやってますから」

テレビカメラもなく、ディレクターもコーディネーターもいない国で、日本人が誰も見向きもしないところ

各賞を総ナメにした
李慧珍のデビューアルバム

でずーっとこれをやってきた。そこには胸が熱くなる友情と、とびっきりのドラマがあった。数多くの中国人が私を支え、共に笑い、共に泣いた。このドラマをテレビ局なんかが番組にしなくたって、多くの中国の友人達はそれを一生の宝物だと思ってくれている。

「你是我的贵人《ニーシーウォーダグイレン》（あなたは私の恩人です）」

私のソロアルバムに参加し、その後のデビューアルバム「在等待《ザイドンダイ》（邦題：未来を待ちながら）が大ヒットとなった「李慧珍《リー・ホイチェン》」が涙ながらに私にこう言った。

「あなたがいなかったら今の私はなかった。誰も相手にしてくれなかった私をあなただけが相手にしてくれた。あなたがいなかったら私は今も誰も相手にしてくれていなかったでしょう」

このアルバムは発売前からリーディングソングが中国のラジオチャートで上位にランクインされていたが、２曲目のリーディングソングは私が作った「猜爱《ツァイアイ》（邦題：Don't Break My Heart）」。この曲も中国のラジオチャートでは12週連続チャートインした。

私は自分の作った曲は最初に爆風スランプに提出するが、この曲だってちゃんとレコード会社や所属事務所のスタッフとメンバーが行う「選曲会議」に提出している。ただ日本人の誰もがこんな曲を必要としなかった、それだけのことである。

選曲会議でサンプラザ中野がこんなことを言ったことがある。

「河合《パッパラー》は売れ線の曲を持って来るがちょっと深さが足りない。末吉はとてもクオリティーが高い曲を書いて来るがあまりに売れ線ではない。お前ら一緒に曲書け!!」

「売れ線」って一体何だ？ クオリティーさえ高ければそれでいいだろ？ こんな島国で売れる売れないとか考えなくたって、この曲がそのままの形で売れる国がどっかにあるはずだ。

そして実際にそうなった。この曲は中国軽音楽学会、中国音楽生活報、広州電視台、上海電視台その他中国全国56局のテレビ局が主催する中国原創歌曲総合ランキングという賞で、97年第二期の「十大金曲作曲賞」という賞を受賞した。当時でいう中国の「グラミー賞」みたいなものなのだ。

「Don't Break My Heart」という邦題を見ると私のこの曲に対する思い入れが分かるだろう。90年に中国に行って、偶然「ファッキンガバメントはロックを恐れてる!! だから俺たちはロックを聞くこともやることもできないんだ」と叫びながら地下クラブでロックをやる若者達がいた。「俺にドラムを叩かせろ!!」と言って天津体育館で「絶対に口を開くなよ、外国人だと分かったらどんな目に遭うやらわからない」と言われながらドラムを叩いた。「Don't Break My Heart」とは、後に中国ロックのスタンダードとなる彼ら黒豹《ヘイバオ》の曲のタイトルなのである。

中国で制止命令を聞かずに演奏して軍隊に別室に軟禁されたこともある。友が死んでもう中国なんてやめてしまおうと思ったこともある。でもそんな思いを全部音楽に乗せて、そしてその音楽が中国大陸を今大きく羽ばたいている。

ただ日本人が誰もそのことを知らないだけのことなのだ。

アジアブームの終焉

1990年半ば、日本の音楽業界は「アジアブーム」に湧いていた。私はFM局でアジアの音楽を紹介するラジオ番組を持ち、日本に来日したアジアのアーティストは必ず私の番組にゲストとして出演していた。

いろんなレコード会社がアジア各国のスターと契約を結んでいたが、不思議なことにその大半は演歌セクションが担当していた。きっと過去にテレサテンが日本発で全アジアの大スターになったことが考え方の根本になっているのだろうが、今はあの頃とは時代が違う。あの頃は演歌は日本のマーケットにおいては主流であったかも知れないが、今は決してそうではない。レコード会社が自社のいち押し新人ポップス歌手を演歌セクションに所属させるだろうか……。

確かに中国、台湾、香港など中華圏では自国のマーケットで一番主流である演歌的なバラードを歌うことが多いが、彼らは決して日本でいう「演歌歌手」ではなく、どちらかというと歌って踊って役者もやれて、総合的なエンターテイナーである。韓国ではR＆Bやヒップホップが日本よりいち早くムーブメントが起こっていて、そんなアーティストを日本の演歌セクションがちゃんとプロデュースできるのかいつも不安に思っていた。

また日本人というのはとかくアメリカの方ばかり見ていて、後ろのアジア諸国を振り返って見ることをせず、無意識のうちに低く見ているところがあるように感じられる。この番組で知り合った香港の大スターなどは、日本は海賊版もなく世界一レコードの値段が高い1億人のマーケットだと思って来日しているだけで、「日本で成功してそれを足がかりに世界へ」などとは夢にも考えていない。彼らは日本など飛び越えてアメリカでマジソンスクエアガーデンをチャイニーズ系のオーディエンスだけで満杯にできるのだ。日本人にこれができるアーティストなどひとりもいない。

そんな意識の差、そしてマニュアル社会である日本がそのやり方を相手国に押し付けることなどが原因となって、中国に進出した会社の撤退の話などを多く耳にし始めていた。

年末に行われている「日本レコード大賞」では95年から「アジア音楽賞」という部門を設立し、96年にはアーティストではなくアジア圏にたくさんの支社を置いて最も現地の音楽ビジネスを多く展開していたレコード会社「ポニーキャニオン」がそれを受賞したが、そのポニーキャニオンも数年後にはすべての現地法人を売却してアジアから撤退した。

爆風スランプの所属事務所も北京に支社を起こしたが、それも早々と撤退した。私は現地で、仕事もせずに会社のお金で高級車を乗り回しているスタッフを見かけていたのでさもありなんと思った。

「末吉に北京事務所をやらせればいいんだ」

という声は社内でもあったようだが、担当であるセクション「国際部」は自分達を飛び越えてひとりの力だけで中国で実績を上げている私を疎ましく思っていて、「メンツの問題」

としてそれは実現には至らなかった。

爆風スランプの担当セクションでも、もう私はコントロール不能で頭を悩ませていた。ジャズだアジアの音楽だと当時の日本では全く主流ではないアンダーグラウンドな活動は巨大事務所としてはサポートできないので、ということで勝手にさせていたらそっちの方の渦がどんどん大きくなり、「中国」といえば所属事務所を飛び越えて直接私にオファーが来るまでになっているのだ。ラジオ番組のレギュラーや、テレビのアジア番組の出演、そしてＮＨＫ－ＢＳのレギュラーまで自分で決めてきた時には、さすがに担当マネージャーは大きく肩を落としていた。

日本レコード大賞アジア音楽賞賞状

そして97年の年末には、その「日本レコード大賞アジア音楽賞」をこの私が受賞した。

この賞は私の所属事務所経由ではなく、私のレコードを出してくれたホリプロ、つまり爆風スランプの所属事務所のライバル会社に贈られ、そこから私に賞状とかを授与される。ホリプロが私のためにささやかなる受賞パーティーを開いてくれた。そこに列席している爆風スランプのマネージャーはどんな気持ちだっただろう。

ホリプロのトップの人が簡単なスピーチをしたが、ざっくばらんな会だったので冗談っぽくこう言った。

「日本のプロダクションがどんどんアジアから撤退していく中、最後まで頑張っていた我が社ですが、これを最後にアジアから撤退します。結局アジアで得をしたのはファンキー末吉だけでした（笑）」


こうして日本の音楽界におけるアジアブームは終焉を迎えた。

そしてそのすぐ後には爆風スランプの活動も終焉を迎えることとなる。

国際結婚

家出して東京に出ていき、バイトしながらアマチュアバンドをやっていた日々ではとても「結婚」など考えられない状態である。すべてのアマチュアバンドはそうなのであろうが、女性と付き合って「結婚」などとなったら、生活に追われ即バンドなどやめてしまわねばならない。そういう理由で自分の周りのアマチュアバンドも適齢期になって解散することが増えてきていた。

ところが爆風スランプは成功した。でもそれはすなわち「芸能界」という虚像でしか自分を見られないということになってくる。好きな女性ができても、果たしてその人が自分の虚像を見ているのか、末吉覚という実像を見ているのかというのかがわからない。そもそも「爆風スランプの一員である」ということも含めて「私」なのだから、その虚像と実像などそもそも線など引けないものでもあるのだろうが……。

ところが外国に行けば話は違ってくる。私の周りの中国人は「ファンキー末吉」は知っていても「爆風スランプ」など誰も知らないのだ。爆風スランプを知らずに私を知ってるということこそ「虚像」ではなく「実像」を見ているということではないか……。私は漠然と「国際結婚」を考えるようになった。

そんな中、黒豹《ヘイバオ》の周りにいる美しい女性と出会った。名を「ランラン」という。覚えたての拙い中国語で聞いてみると、その兄が日本に留学しているというではないか。

当時私は日本にいても「心ここにあらず」で中国人の友人ばかりを作って、中華料理を食べて中国語を話す生活を送っていたので「これ幸い」とばかり連絡を取って朋友《ポンヨウ》となった。

彼の名は「関明《グアン・ミン》」、当時日本の新聞社が労働力不足のため留学生を受け入れて、新聞配達をしながら日本語を勉強するようなシステムを作っていて、それで日本にやって来たばかりだった。当然ながら日本語はあまり話せない。私は自分の中国語学習のためになると思ってせっせと彼のアパートに通い詰めた。

その新聞社が留学生のために用意したアパートは、私が東京に家出して最初に借りたアパートのようでとても懐かしかった。あの頃は貧乏だったけど毎日が輝いていた。何にもなかったけど「何でもできる」という自信に溢れていた。レコードデビューしてレコード会社の商業的なやり方とぶつかったり、事務所移籍の揉め事の解決に暗躍したり、まだ若かりしメンバー間の人間関係で悩んだ時にはいつも「あの頃に戻りたい」と思っていた。その「空間」がまさにそこにあったのだ。

中国人留学生の生活は決して楽ではない。日本人の友達もできず、寂しいので本当はやってはいけないのだが夜は中華料理店でバイトをする。朝4時には起きて朝刊を配り、日本語学校が終わると夕刊を配り、中華料理店でバイトが終わる頃には仕事を終えた私がやって来る。彼の中国人のバイト仲間と中国語を喋りながら賄いの中華料理を食べ、彼のアパートに行って中国語を喋りながら酒を飲み、酔い潰れた私を置いて彼はまた朝刊を配りに行く。そんな毎日が続いた。

著者と前妻

そここそが私の中の「中国」であり、そこだけが私が「実像」としていられる場所だった。

「好朋友《ハオポンヨウ》（親友の意味）」となった彼に「妹を日本に留学させないか」と話を持ちかけ、結婚して「家庭」となり、子供ができて私と中国との関係は「一生もの」となった。中国は私の子供たちの「祖国」でもあるのだ。

願わくばその子供たちの「祖国」で、このまま中国語を喋って「実像」のまま生活し、日本には「虚像」で生活費を稼ぎにくればそれが一番いいと思っていたのだが、夢である北京移住は皮肉なことに彼女と離婚した2000年になってやっと実現することになる。

爆風スランプ活動停止後、私はラウドネスの二井原実と筋肉少女帯の橘高文彦、そして共に所属事務所をやめたバーベQ和佐田と「X.Y.Z.→A（エックスワイズィートゥーエー）」というバンドを結成し、北京からそのライブのために日本に通う生活に突入した。

それまでは日本でお金を稼いで、その金で北京に足げに通って中国ロックをやる毎日だったが、今度は北京に住んでスタジオミュージシャンとしてお金を稼いで、日本にロックをやりに帰る生活となった。

中国では既に経済成長がピークに達していて、日本の在りし日のような「バブル」のような時代が訪れていた。私の中国での活動が本格的に始まった。

STORY 4

北京に移住

≫移住

憧れの北京生活が始まった。

当時日本の留学生だった中国人の友人が北京に帰国してプロダクションを設立したので、私は最初はそこに身を寄せてスタジオミュージシャンとして生活を始めた。

スタジオミュージシャンという仕事にはもともと憧れを持っていが、日本では私がどれだけドラムが上手くても「芸能人」と評価されてスタジオミュージシャンの仕事は少なかった。あったとしてもその仕事のほとんどは私の「腕」ではなく「名声」を求めてのものである。仕事をしてみて想像以上に「腕」があることに驚いたクライアントも、日本では名前が大きすぎて気軽にスタジオミュージシャンとして使うのは気が引けるのか、その後コンスタントに仕事が続いていくことはほとんどなかった。

日本ではバンドの名前が大きく、それに反して中国では「ファンキー末吉」という名前がロックバブルと共に「伝説」になっていた。96年に中国で発売した私のソロアルバム「亜洲鼓魂《エイジアン・ドラム・スピリッツ》」は、その昔ロックを聞くこともできなかった中国では貴重な「ロックのバイブル」ともいえる一枚となっていた。

日本人の性格と違って、中国人はあまり「恐れ多い」という考え方はしない。むしろ「あれだけ名前があってこの腕を持ってるドラマーがこんな値段で自由に使えるのか？」と私の仕事は日増しに増えていった。

スタジオ仕事の報酬の支払い方は、当時の日本と中国では大きな違いがあった。日本ではスタジオミュージシャンは「時給」で、新人は7千円、ベテランになってもまあ1万円を超えることはほとんどない。この「時給」というのは分刻みの日本ならではの方式で、腕がよければよいほどそのレコーディング時間は早く終わるのだからあまり合理的ではない。

中国の仕事は1曲いくらで、最初のスタジオ仕事は1曲500元（日本円で約7500円）だったが、仕事が増えるに従ってその値段は倍々に上がっていった。バブルが崩壊した日本では、今では中国のように1曲いくらの方式に移行しているようだが、その値段は私が日本で仕事していた頃からほとんど変わっていないが、中国の値段は今ではもう日本の値段を超す勢いである。

好物の回锅肉盖饭ビールと合わせても
日本円で200円もしない

北京生活の一番の魅力は物価が安いことである。

何よりも酒税のバカ高い日本と違ってビールが大瓶1本2元（約30円）で飲めるのがうれしい。当時は中国人の大学卒平均初任給が二千元（約3万円）という時代である。スタジオ仕事でドラムを1曲叩けば1週間贅沢に暮らせ、1曲アレンジをすれば1カ月暮らせ、アルバムを1枚プロデュースすれば数カ月は暮らせるような生活はとてつもなく「豊か」である。

それでも上を見ればきりがなく、バブルに湧く中国では中国人の金持ち達はみんながみんな自分のことを貧乏だと思っていた。頑張って金持ちになっても、そうなると付き合うのはもっと金持ちばかりになってしまうので、やはりそこでは自分が一番貧乏だと思ってしまう。もっともっと上に行くと周りがまたそのレベルになってしまうのでずっとその繰り返しなのだ。日本の歌番組に出演した時に、周りのスター達が実はみんな「自分が一番売れていない」と思っていたという話を聞いたが、それと同じである。

上を見ればきりがない。でも下ばかり見ても暮らしていけない。自分と目の前の進むべき道だけを見て生きていけばいいのだ。幸せとは実はそこにあるのだ。

私のように悠々自適で暮らしていても、バブルの中国では「中流」もしくはそれ以下である。でも日本の中流と違ってその「豊かさ」は全然違う。1億総中流の日本では、サラリーマンは自分の小遣いを削り、タバコ代を削ってやっとその夜の晩酌代に充てる。家のローンと教育費に追われ、上にも行けず、下にも行けず……。

でも中国の中流は違う。私は時々は寿司や高級洋食なども食べに行ったし、でも通常は庶民が食する激安だけれども絶品の中華を毎日食べて30円のビールを飲んでいた。日本で毎日激安店のファーストフードを食べている生活はそれに比べてあまりにも「貧しい」。外国での暮らし、特に共産党一党独裁のこの国での生活には不自由なことも多いが、この点だけはこの国の生きやすい部分である。

日本から北京に移住して捨ててきたのは何も爆風スランプの名声だけではない。離婚して家財道具も処分したので「家」もないし、2人の子供も高知の実家に預けてきたので「家庭」もない。あるのは「腕」だけで、それだけを使って生活をしている。「名声」を使って生活していた頃に比べるとその点も生きやすい部分であった。

何よりも「時間」があった。「生活」に追われないということは「時間」に追われないということである。

しかしそれもつかの間、瞬く間にスタジオミュージシャンのトップに躍り出た私は、バブルに湧く中国で「仕事」に追いまくられる生活に突入していくこととなっていく……。

中国の音楽ビジネスの仕組み

私が北京に居を移した2000年の頃から中国の音楽業界はバブルに湧いていた。

そこに飛び込んで「裏方」であるスタジオミュージシャンという仕事をやっていると、今

著者も参加した中国の有名歌手
「韓紅（ハン・ホン）」のライブDVD

まで「芸能人」として日本の芸能界では見えなかったいろんなことが見えてくる。

中国から改めて日本の芸能界を見てみると、一番違うなと思うところがマネージメントシステムである。日本ではプロダクションが歌手を給料で雇ってサラリーマン化させるのだ。あのピンクレディーが解散時にはその翌日から「無職」となってしまったという噂話の通り、実際爆風スランプが活動停止した瞬間に所属事務所との契約は解除となり、当然ながら毎月振り込まれた給料も止まってしまって私も本当に「無職」になってしまった。アメリカでも歌手はマネージメントを「雇う」というので、きっと日本のそのやり方は世界的にも珍しいのではないかと思われる。

私が１９９０年に北京の地下クラブで出会った黒豹《ヘイバオ》は既に中国で一番レコードを売ったバンドとなっていて、日本のＪＶＣビクターと契約していた頃の中国人担当者は、その後北京に帰って彼らのマネージメント会社を立ち上げていたが、その彼が私にこんなことを漏らしたことがある。

「ファンキーさん僕はねぇ、日本で学んだ音楽ビジネスのノウハウを中国に持ち込んで、それで彼らをもっと大きくしてあげられたらいいのになぁと思って事務所を立ち上げた。でも中国では無理!!」

聞けば、自分のところと契約しているはずの黒豹《ヘイバオ》が、事務所を通さずに自分達で勝手に仕事を受けているというのだ。中国ではもちろん給料制ではなく、その仕事のパーセンテージ、しかも売れてるアーティストになると本人が80%持っていくにも関わらず、黒豹《ヘイバオ》たちはその20%さえも惜しくなったのだろう、そんな国ですべてのオイシイ権利を全部事務所に譲渡して自分達は給料だけで甘んじるようなシステムが成り立つわけがない。

またその「権利ビジネス」が中国ではまだまだ根付いていなかった。私が北京にいるということで、とある人がドラえもんの権利を中国のテレビ局に売りたいという話を持ってきた。テレビ局とかにコネを探しているうちに、私も「これは無理だわ」とすぐにあきらめた。「日本のテレビ番組など香港からいくらでもタダで入って来るのに、どうしてわざわざ日本から高い金を出して買わねばならないんですか?」というのが彼らの考え方なのだ。

日本の音楽業界は権利を持っている者が一番儲かる。歌手は「契約社員」と同じなので使い捨てである。ところが中国は歌手が一番儲かる。私はこの国のいろんな有名歌手のレコーディングやバックバンドなどをやるうちにだんだんその仕組みが見えてきた。

権利ビジネスが成り立たないのだからレコードをどれだけ売ったって儲かるのは海賊版業者だけである。歌手たちはギャラをもらって歌を歌いに行く「営業仕事」がその収入のすべて。だがその収入が桁違いなのである。

私なんかを雇う歌手たちの1本のギャラは日本円で数百万、そのうち事務所には20％しか払わないのだからそのほとんどは自分のふところに入る。「営業」などというと日本では「ドサ回り」を想像してしまうが、この広い中国ではその桁が違う。歌手たちが呼ばれるのは地方のテレビ局などのオムニバスイベント等、数万人が集まるスタジアムクラス。そこでヒット曲を2曲ほど、よくてカラオケ、ひどい時には口パク、つまり歌った振りをしながら手を振ってるだけでその大金が転がり込んでくるのだ。

売れてる歌手になるとそんな仕事を年間100本以上こなすので、その年収たるや日本の歌手の比ではない。レコードはお金にならないが、レコードを出さなければいつまでも過去のヒット曲に頼って生きてゆかねばならない。だから名刺代わりにレコードを出す。当然ながら名刺は豪華であるほどよい。そこからまた新たなヒット曲でも出れば、それはすぐに自分の営業ギャラに即跳ね返ってくるのだ。豪華な名刺を作るために歌手たちはそれにつぎ込む金に糸目はつけない。ミュージシャンは国内最高の人々を選ぶので、私も含むその十数人のミュージシャンが国内の大きな仕事のすべてを独占していた。

≫シンガーソングライター「许巍《シュー・ウェイ》」

私はスタジオミュージシャンとして忙しく仕事をしていた。

爆風スランプをやっている時は、日本のスタジオミュージシャンはみんな私のような立場を羨ましがっていると聞いた。ただのミュージシャンだと使い捨ての駒と同じだが、バンドが売れるとその「名前」はブランドになる。だからスタジオミュージシャンはそれが「夢」なんだ、と。

でも芸能界にがんじがらめに縛られていた私は、逆に自分の腕だけで生きているスタジオミュージシャンを羨ましく思っていた。爆風スランプの名前など誰も知らない北京にやって来て、私は初めてそれを手に入れたのだ。一本いくらの仕事がとてつもなくキラキラしていてうれしかった。

仕事の多くを振ってくれていたのは黒豹《ヘイバオ》を脱退した栾树《ルアンシュー》、昔からよく「ファンキー、北京で住めよ、お前ぐらいの腕があるなら仕事はいくらでも来る」と言われていたが、実際こうして北京に来てみるとなるほど仕事には困らなかった。

中国人のドラマーがやっかんで栾树《ルアン・シュー》に電話をかけてきたという話も聞いた。

「栾树《ルアン・シュー》さん、あなたも日本人にばかり仕事を回さないで、私たち中国人ドラマーにも仕事を回すべきです」

それを聞いた栾树《ルアン・シュー》は笑いながらこう答えたという。

「何言ってんだ!! ファンキーは立派な中国人じゃないか!!」

お前なんかがドラムを始める前からファンキーはここにいたんだよ、ということらしい。

シンガーソングライター许巍

「関係《グアンシー》（コネの意）」が何よりも大切なこの国で、10年間に及ぶ私と中国ロックの付き合いは、この国の音楽界に立派に根付いていたのだ。

そんな中、栾树《ルアン・シュー》から「ファンキー、许巍《シュー・ウェイ》のアルバムを手伝ってくれないか」と頼まれた。

许巍《シュー・ウェイ》とは96年頃一度彼の部屋で酒を飲んだことがある。その後中国ロックのスタンダードの一枚となる彼のデビューアルバム「在別処《ザイビエチュー》」のデモを聞かせてくれた。歌詞もまだできていない「ラララ」で歌っているそのデモは、中国ロックの新しい時代を感じさせるに十分であった。

その後デビューして順風満帆に思えた彼も、その後この世界に絶望して田舎に帰って麻薬に手を染めた。それを救いに行ったのが栾树《ルアン・シュー》である。麻薬に打ち勝つためにドアを釘で打ち付け、自分を縛って禁断症状に耐えた。そしてドアを開けて救いにきた栾树《ルアン・シュー》に彼は「曲ができたんだ」と言って歌って聞かせたのが、後に誰もが知る名曲となる「蓝莲花《ランリエンホア》（蓮の花）」。

「お前はもう大丈夫だ。一緒に北京に帰ろう」

彼を強く抱きしめて栾树《ルアン・シュー》はそう言った。

復帰アルバム「时光《シーグアン》・漫步《マンブー》」のレコーディングが始まった。

「ドラムはファンキーに叩いてもらいたい」

ということから全曲私が叩かせていただいた。バンド肌の彼は私を「バンドのメンバー」として迎え、どんな叩き方をしようがすべてをバンドのメンバーに任せた。

その「バンド」のメンバーで北京の小さな会場でお披露目ライブをやるとなった時、譜面を見ながらでき上がったばかりのアルバムを聴いていた時、いきなり彼の「詞」が頭の中に入ってきた。

中国ロックの創始者「崔健《ツイ・ジエン》」の時代とはもう大きく変わってしまっている。「人民よ立ち上がれ!!」という彼のメッセージに呼応して人民が拳《こぶし》を挙げた時代は終わりを告げ、人民は今「人より豊かになる」ことに邁進している。そしてそんな世の中についていけずに絶望している若者に、许巍《シュー・ウェイ》は「自分はこんなに弱い」というメッセージを歌っているのだ。

「絶望の中に一筋の希望を見る」という许巍《シュー・ウェイ》のメッセージは瞬く間に全中国人に受け入れられ、このアルバムは中国ロック界に金字塔を打ち立てる名盤となった。

それを引っさげてのスタジアムツアー、北京工人体育館での伝説のライブ、そしてそのDVD化……许巍《シュー・ウェイ》のブレイクと共に私の名前はまた伝説化していった。

》亜洲鼓王《アジアドラムキング》

許巍《シュー・ウェイ》の「时光《シーグアン》・漫步《マンブー》」は、今でも中国ロックの名盤として揺るぎない地位を築いている。数々の音楽賞も受賞し、収録されている半分以上の楽曲は放送局などでヘビーローテーションされていた。このアルバムは第10回中国歌曲排行榜表彰式で最優秀アルバム、2003年度15大金曲のほか、許巍《シュー・ウェイ》自身も最優秀創作歌手に選ばれ、プロデュースを担当した欒树《ルアン・シュー》はこの功績によりその年のベストプロデューサー賞を受賞している。

「亜洲鼓王《アジアドラムキング》」という呼び名は古くにDJ有待《ヨウダイ》がつけた「外号《ワイハオ》（ニックネーム）」なのだが、この頃には全中国にその名が浸透していた。私のスタジオミュージシャンとしての仕事はピークを極め、多い時にはヒットチャートの半分以上が私がドラムを叩いた曲である時もあった。「この国のドラムの仕事はほとんどファンキーさんだよね」と言われることもあったが、私の心にはうれしさと共に何やら寂しさがどんどんと膨れ上がっていた。

「私はここで何をやっているんだろう」

昔は日本で忙しく暮らしていて、中国に来たらやっと自分の時間が持ててバランスが取れていたのだが、今は逆に中国であまりに忙しく暮らしているために、高知の母親に預けている子供たちに会いに帰る時だけが初めてゆっくりできるという生活なのだ。

「中国で本物のロックを見つけた」その熱い思いにほだされてこんなところで暮らしている。でもやっていることは何のロックでもない。この国のロックはもう商業化されてしまって日本のロックと何も変わらないではないか。だったら日本にいたって同じじゃないか……。

そんなある日、懐かしい友達から電話がかかってきた。黒豹《ヘイバオ》のドラマー赵明义《チャオ・ミンイー》である。

「ファンキーさん、今、零点《リンディエン》のドラマーの二毛《アルマオ》と许巍《シュー・ウェイ》のアルバム聞いてて、たまらなくなって電話をしたんです。ドラムというのはこうやって叩くんだ。僕らは目が覚めました。一からあなたに学び直そうと思いました」

中国ロック界に金字塔を打ち立てた
名盤『时光・漫步』

私は声を上げて笑った。

黒豹《ヘイバオ》は過去最大の中国全土のツアーを行っており、赵明义《ジャオ・ミンイー》はドラマーでもありマネージャーとしてそれを取り仕切っていた。ツアーといっても日本のバンドのツアーとは全然違う。そのほとんどは流行歌手に混じって「あてぶり（実際に演奏はしていないが曲に合わせてしている振りだけをすること）」で数曲歌うだけのことである。彼らほど有名になるとこれだけでも相当のギャラが落ちてくるのだ。

零点《リンディエン》は黒豹《ヘイバオ》の大成功を見て内モンゴルから北京にやって来たバンドで、ロックらしいサウンドと歌謡曲らしいキャッチーなメロディーで、テレビ番組にも積極的に出演して中国ロックの歴史上一番金を稼いだバンドとなっていた。日本のテレビ番組でもそうだが、そのほとんどは「あてぶり」である。年間何百本も巨額のギャラをもらう仕事をこなしていても、この二毛《マルアオ》というドラマーは自分でちゃんとドラムを叩くことなどレコーディングの時以外にはありはしないのだ。

「ドラム？　お前らにまだドラムが叩けるのか？　それはいいことだな、頑張れよ」と憎まれ口を叩きながら笑って電話を切った。そして笑いながらちょっと泣いた。

高校の頃に香川県の片田舎で初めてロックを聞いた時に、「あのスピーカーの向こうにいる人達は神様だ。俺もそんな神様になりたい」と思って家出して東京に出て行った。東京での成功は私を「街を歩けば振り返る有名人」にしてしまい、「爆風の人ですよね、サインして下さい」と言われながら「爆風の何やっている人でしたっけ」と言われる始末……。だがここ北京では確実にあの頃の自分の夢に近づいている。私が参加した中国ロックの数々の名盤を聞いて「あのドラマーみたいになりたい」と思う若者がこの国にはたくさんいるのだ。

数日後にまた赵明义《ジャオ・ミンイー》から電話がかかってきた。

「零点《リンディエン》がプロデューサーを探しているんです。ちょっとメンバーと会ってやってくれませんか」

中国で零点《リンディエン》のプロデューサーになるということは、日本でいうとサザンオールスターズのプロデューサーになるようなものなのだが、ここに大きな問題が持ち上がってきた。問題は高知にあったのである……。

歌謡ロックバンド「零点《リンディエン》」

零点《リンディエン》は中国ロックの歴史上最も金を稼いだバンドである。表面はロックだが内容は耳障りのいい歌謡曲。崔健《ツイ・ジエン》が86年に中国で初めて作り上げた中国ロックは、黒豹《ヘイバオ》たち第二世代に継承され、それに憧れて内モンゴルから上京して来たこのバンドにすっかりお株を奪われてしまった。「人民よ立ち上がれ!!」そう叫んだ崔健《ツイ・ジエン》に拳《こぶし》を挙《あ》げた人民たちは、今は自分が豊かになることに忙しい。「俺たちは政治とは関係ない」と商業的に歩み寄って成功した黒豹《ヘイバオ》は、それよりポップな歌謡ロックに駆逐された。人民は誰も彼ら「老揺滾《ラオヤオグン》(ロックの大御所の意)」など見向きもしなくなってしまったのだ。

ここに中国ロックは日本と同じく完全に商業化してしまった。私は零点《リンディエン》のプロデューサーとして彼らがもっともっと巨万の富を築けるようなお手伝いをしていってるだけなのだ。

しかし割り切ってしまえばこの仕事は楽しい。予算は使い放題で、レコーディングの最終段階であるミックスダウンやマスタリングなどはアメリカまで行って世界最高のエンジニア

零点６万人スタジアムコンサート

を使って行ったり、何より自分が構築する世界最高のサウンドがこの国の音楽界に大きな影響を与えていくのだと思えば痛快である。ただ残念なことにそれは「ロック界」ではない。ロックを愛する者はほとんど零点《リンディエン》など歌謡ロックには見向きもしないのだ。

２００３年10月17日には工人体育場というスタジアムで彼らのソロコンサートを行った。６万人のスタジアムのコンサートを作り上げるプロデューサーが日本人であるということを、日本にいる日本人どころか中国に住む日本人ですら誰も知らない。

工人体育場の隣には、爆風が中止命令を聞かずに最後まで演奏して別室に軟禁された工人体育館がある。あれは遠い日の夢、近くに来たら思い出してまた身も凍るほどの思いをしていたのもたかだか数年。私にとっては北京工人体育館は歌手のバックなどでドラムを叩く場所であり、今やそれを見下ろすように隣のスタジアムで６万人のコンサートを作っているのだ。

時代は変わった。中国ロックが生まれて20年、アメリカのロックがベトナム戦争によって花咲いたとしたら、中国のそれはひょっとしたら天安門事件だったのかも知れない。

それから10年で中国ロックは駆け足で歴史を走り抜けて成熟期を迎え、欧米や日本のロックと同じようにここに完全に商業化してしまった。

「あのロックが熱かった時代よもう一度」と思ったところで、日本でも欧米でも、そしてここ中国でもそれはもう後戻りできないのである。

そしたらもう先に進むしかない。私は自分の愛する中国ロックにトドメを刺すべく零点《リンディエン》を商業的にもっと成功させることに邁進しながら、数多いスタジオミュージシャンの仕事も精力的にこなした。金は稼いだ。最高紙幣は100元、たかだか日本円で1500円程度なのであるから、大きな仕事を成し遂げた時のギャラは誇張抜きでリュックにいっぱいの札束となる。私はいつかこちらにマンションでも買って、高知の母親に預けている子供たちを引き取って一緒に暮らそうと漠然と考えていた。

そんなある日、里帰りをして実家でいる時に母が私に突然こんなことを言った。

「あんたいつまでそんなことしゆーがよ!!　いい加減に帰って来なさい!!」

「帰って来る」ということが私にとってはどこに帰って来るのかがよくわからない。どんな国でも音楽の仕事をやろうと思ったらその国の首都以外では難しい。インターネットがこれだけ発達したとしても、やはり音楽制作の中心は中国では北京、日本では東京なのである。大阪の芸人でさえ全国区になるために東京に進出するというのに、まさか母は私に高知に帰ってこいと言っているのではあるまいと一応確認した。

「帰って来るって？　高知に？」

母は大きく首を縦に振った。私はもう一度確認した。

「今やっている仕事全部やめて楽器堂でドラム教室でもやって暮せと？……」

母はもう一度大きく首を縦に振ってこう言った。

「そうや、それが一番えい!!」

≫高知と中国の血を引く子供たち

私の血はそのルーツを高知に持ち、子供たちの母である前妻は中国人。

私は家庭内では妻と中国語で会話していたが、妻は子供たちを日本語で育てていたので、東京で生まれたこのふたつの血を持つ子供たちは、中国語はおろか土佐弁を喋ることもなく東京で育った。

上の子が小学校に上がる頃に一度北京に引っ越して、半年だけ北京の小学校に通い出した頃は逆に日本語は全部忘れてしまい、中国語しか喋れなくなっていた。

そこで離婚の話となるのだが、こんな状態なので離婚したら妻が子供を引き取るだろうと思っていたら私に預けるということなのでびっくりした。聞けば女性が独立している中国では「自分が経済力ができるまで」ということでよくある話であるらしい。

私としては一緒に暮らせるのであるからうれしい限りである。当時は北京に住み始めたばかりで、北京での生活を満喫し始めていたから子供たちと一緒にその生活をしたかったのだが、母が猛烈にそれに反対した。

「あんたみたいな滅多に家におらん人間がなんで子供を育てられやあね!!」

日本で仕事がある時にはどうする？　連れて行くわけにもいかず置いていくわけにもいかず、かといって母親を北京に呼び寄せてこっちで子供を見てもらうわけにもいかない。それはもし私が帰国して東京で暮らしたとしても同じである。母は一度東京で暮らしたが、水が合わなくて高知に帰って来ているのである。

選択肢はひとつしかない。子供を高知の母に預けて、私がひとり東京と北京を行き来しながら時々高知に戻るしかないのだ。

著者と子どもたち

子供たちを北京から連れて帰る時に東京で数日一緒に生活した。上の子は日本語はもうすっかり忘れてしまっていて私とは中国語で会話する。銭湯に行った時に、まだ小学校に上がっていない下の子は無料だったのだが、番台のおばさんは私達が中国人の家族だと思って

「あんた年をごまかしているでしょ、これだから中国人

母と子どもたち

は」と文句を言った。日本人の中国人差別を目の当たりに経験することとなったが、怒りよりもむしろ中国人に見られたことの方が何故かうれしかった。どこに行っても「芸能人」としか見られなかった生活に比べたら全然いい。

新幹線が満席だったので3人でデッキに座って岡山まで行き、そこから特急列車「南風」に乗り換えて高知に着くまで、周りの人は私達を貧乏な中国人家族だと思っていた。ミュージシャン家業は旅から旅への生活で、放浪癖のある私は何よりもそれが好きだった。旅芸人の一家のように3人で旅から旅の生活をしたかったのだが、それこそが母が一番危惧していたことだ。息子が18歳で家出をしてミュージシャンなどになって苦労した母は、孫たちに音楽の道だけは進ませたくなかったようだ。

高知に着いて一番心配したことが「言葉」である。1カ月後には江ノ口小学校に入学する上の子と、聖園《みその》幼稚園に入園する下の子が、日本語が喋れないことによっていじめに遭わないかが一番心配だった。

ところが子供の学習能力は私の想像を超えていた。１カ月足らずで子供たちは見事に中国語を忘れ、土佐弁しか喋れなくなったのだ。

次に心配したことは母の身体。老体で子供ふたりを育てることができるだろうかということだ。ベビーシッターとか家政婦とかを手配したが、※はちきんのうちの母にはどうも肌が合わなかったようだ。

（※男勝りの女性を指す土佐弁）

上の子が反抗期になった頃、ついに母も限界がきたのだろう。私にこう言った。

「いつまでそんなことしゆうがよね。いい加減で高知に帰って来なさい!!」

東京ならいざ知らず、高知に帰ってこいということはそれはもう「音楽をやめろ」ということである。子供や親のために仕事や夢を犠牲にする人は多いだろう。でも自分にそれができるだろうか……。

いろいろ悩んで結論を出した。

「いや、おふくろ……それはできん!!」

次の日、北京に戻るために実家を出る時、いつも寂しがって泣く下の子の涙がこの日ばかりは胸に強く突き刺さった……。

BEYONDのドラマー・ウィング

日本で活動を開始していた香港のロックバンドBEYONDは、ボーカルの黄家駒《ホアン・ジアージュイー》の死を受けて日本での活動にピリオドを打った。中心人物を失ったBEYONDはその後香港に帰って、残された3人のBEYONDとして活動を続けていたが、1999年12月にその活動を休止し、各人はそれぞれソロ活動に入った。私はギターのポールのソロアルバムに参加したりそれぞれのメンバーとも交流は続けていたが、やはり一番仲がよかったドラムのウィングと一緒に遊ぶことが多かった。

ソロ活動といっても、あれだけ商業的に成功して大スターになったバンドのドラマーが、今さら私のようにスタジオミュージシャンとして裏方の活動を始めるわけにはいかない。彼はギターを弾きながら歌うシンガーソングライターとしての活動を開始した。

BEYONDのメンバーの中ではよくリードボーカルをとっていた他のふたりと違って、ドラマーがいきなりギターを持って歌う活動はなかなか順調ではなかったようだ。広東語で歌う彼の市場《マーケット》は香港と、同じく広東語を喋る広東省が主だったので、彼は広東省の田舎町のディスコやキャバレーでBEYONDのナンバーを歌う活動をしていた。

私はよく北京から広東省まで彼を訪ねて遊びに行ったりしていたが、依然大スターとして活動している他のふたりに比べたらやはり見劣りはするものの、そんな彼の姿は私にとってはみじめったらしくは見えなかった。むしろ黄家駒《ホアン・ジアージュイー》が残した遺産を彼が歌い継いでいる、まるで黄家駒《ホアン・ジアージュイー》が彼の生活を見てあげているような気がして温かいものがこみ上げて来る。もうこの数多くの名曲を歌う人間はこの世にいない、せめて同じバンドのメンバーに歌ってもらいたいと思うのはファンならずとも人情であろう。

一度どこか名前も聞いたこともないような小さな田舎町に遊びに行った時、ウィングは最後の曲で私をステージに上げてドラムソロを叩かせた。叩き終わっても彼がまたステージに上がってくる気配はない。数多くの酔っぱらいが騒いでいて収拾がつかなくなるのを心配して、人にドラムを叩かせてる間にステージを降りて先に脱出していたのだ。

シンガーソングライターとして
活動を始めたウィング

酔っぱらいがビール瓶を投げたり大騒ぎしている中、私は命からがら脱出してウィングが飲んでるところに合流した。

「この野郎!!　俺にドラムを叩かせて自分だけ脱出しやがったな!!」

私に向かって手を合わせている彼の頭をこずきながら大笑いして乾杯した。

楽しかった……。

時にはそのまま香港に帰る彼について行って、彼の家で数泊して遊んで帰ることもあった。当時の彼女は香港人でシンシアという可愛い子だった。彼女も私を歓迎してくれて、私は香港で泊まる時はいつもふたりが住むマンションのソファーで寝ていた。

「結婚したいと思ってる。そのためにはもっと仕事を軌道に乗せないとね」

飲むと彼はいつもそんなことを言っていた。

「実はね、来年はBEYOND結成20周年だから、それに合わせて何とかBEYONDを再活動させられないかなと画策しているんだ。結成10周年の時は黄家駒《ホアン・ジアージュイー》が死んじゃったから何もできなかったからね。もしそれが実現したら、僕はそのステージで彼女との結婚をファンに宣言しようと思ってる」

バンドというのはうまくできていると思う。中心人物が死んでしまって、ギターのポール、ベースのスティーブのふたりがツートップとしてフロントを張っていたが、中国人ふたりが「双頭の龍」としてうまくやっていくことは難しいのだ。ウィングのような立場の人間が動いてこそ3人がうまいバランスでやっていくことができる。

「大丈夫だよ、黄家駒《ホアン・ジアージュイー》もきっとお前らのことを応援しているさ」

20周年の節目にBEYONDも無事に再活動を開始し、天国の彼に見守られながらふたりが結婚を宣言する……そんな姿が私にはくっきりと頭の中に想像できた。

しかし運命とは時には残酷なものだ。あの9年前の悲しい事件に続いて、またもやこの親友の身の上にこんな悲しい事件が起こるとは……。

婚約者の死

2002年10月1日、北京にいた私は何気なく香港のウィングに電話をかけた。

「よっ!! 元気か? 最近どうしてる?」

いつになく彼の返事に生気がなかったのですぐに電話を切ったのだが、その夜に日本のBEYONDファンからメールがきて衝撃のニュースを知った。それは婚約者のシンシアが、彼の部屋の浴槽の中で溺死しているのを彼自身が発見したというショッキングなものであった。おそらく立ちくらみか足を滑らせたかで、転んで頭を打ってそのまま湯船の中に倒れこんでしまったのだろうということだ。

私が何の気なく電話をかけたのはその直後のことだったのだろう。だから言葉を失った彼はろくな受け答えができなかったのだ。私は取るものも取りあえず香港に飛んだ。

香港に着いて彼に電話をかけるのだが通じない。

「当たり前だろ、どれだけの人間が今彼に電話をかけてると思う?」

別の香港の友人にそう言われてなるほどと思った。

半日ほど待ってやっと連絡がきたのだが、その電話は葬儀場からかかってきていた。すぐに飛んで行ったが、そこは9年前にBEYONDのボーカル黄家駒《ホアン・ジアージュイー》の葬儀を行ったその同じ葬儀場だった。

皮肉なものだ。同じ葬儀場の同じ家族席で、彼は9年前と同じように肩を落として座っていた。あの時もそうだったが、あまりに悲しい出来事があると人間はみな泣き叫んでいるわけではない。あまりにも非日常的過ぎてどうしていいやらわからずにぼーっとしてしまうのだ。

ふたり肩を並べてぼーっと座っていた。交わす言葉は何もない。こんな状況で一体何を話しかければいいのか……。

しばらくして彼がぽつりとこんなことを言った。

「香港ではどこに泊まってるの？　よかったらうちに泊まりにこいよ」

彼がいう「うち」というのは私が香港に来た時にいつも泊まっていた、あの彼女と一緒に暮らしていた、そしてその彼女が溺死したあのマンションである。

私は彼のことが心配だったので喜んで泊まらせてもらうことにした。あの部屋でひとりでいて彼が変な気でも起こさないか、それが何より心配だったからだ。

真夜中になって葬儀場をふたりで抜け出して彼の運転する車に乗り込んだ。家の前にはパパラッチが待ち構えていて、彼を容赦なく質問攻めにする。

「あんな奴ら相手にすんなよ」

私はそう言うのだが彼は悲しそうに笑ってこう言った。

「相手にしなかったら毎日来るからな。聞きたいことには全部答えてやるんだ。そうしたらやっといなくなってくれる……」

パパラッチも帰ってやっと部屋に入って一息つくと彼が私に
「ちょっとコンビニ行って芸能誌を買って来てくれないかなぁ。僕が自分で買いに行くわけにはいかないから」

自分のことがどう書かれているのか気になるのだろう、私は買いに行ってあげた。

芸能新聞や週刊誌を全部買い来んで持って帰ると、彼はその中から自分のことが載っている記事を切り取ってスクラップし始めたので私もそれを手伝った。

いくつかの記事の中に唖然とするものがあった。ＢＥＹＯＮＤの３人の顔写真を使った漫画で、あとのふたりは笑いながら万歳をしていて、ウィングだけが顔に涙の絵を書かれて「僕だけ落ち目」という吹き出しが入っているのだ。

私があまりに呆然としているのでウィングがそれを覗き込んだ。

「お前……これは見ない方がいい……」

慌てて記事を隠す私を制して、彼は精一杯の笑顔でこう言った。

「いいんだ、慣れてるから……」

その笑顔を見て私はいたたまれなくなった。こんな悲しい笑顔が世の中にあるのか……。

彼は他の記事と全く同じようにそれをスクラップし、また次の雑誌を手に取った。まるで機械のようにスクラップしていく。人間はあまりに悲しいことがあり過ぎるときっと無機質になってしまうのだ。

彼を貶《おとし》めて笑い者にしているほとんどの記事をすべてスクラップし終わって、彼は寝た。私は彼に布団をかけてやり、いつものように自分はソファーで横になったがなかなか寝付けなかった。シャワーを浴びようと思ったが、そこは数日前に婚約者が溺死したそのバスルームである。服を脱いだままバスルームに立ちつくして、シャワーを浴びる勇気はなく、また服を着てソファーに戻っていった。

冥《ミン》婚《フン》

彼女が死んでからほぼ3週間後の2002年10月23日、司法解剖などで遅れていた告別式がやっと行われるというのでまた飛んで行った。

告別式は9年前に黄家駒《ホアン・ジアージュイー》が死んだ時と同じ香港葬儀場で行われていた。

あの時もそうだったが香港の葬式は気が遠くなるほど長い。道教の葬式らしく、本当に中国映画で見るキョンシーのような服を着た道士が、お経を唱えるというよりは歌を歌うように経文を読む。楽隊も入ってくるところを見るとこれはやはりお経というよりは歌なのであ

ろう。

道士は全部で７人いる。楽隊はチャルメラや二胡やパーカッションがいて生音なのにかなり大音量である。その中でも一番ウルサイのがシンバル。「チャイナシンバル」とはよくいったもんで湾曲して倍音の多い音色が出るシンバルを両手に持って打ち鳴らす。中国的なガシャンガシャンという爆音に合わせて太鼓。それに乗せて７人の坊さんが歌う。よく聞けば一番位の高そうな道士と他の６人の道士とが掛け合いで歌っているようで、それの対旋律のようなメロディーをチャルメラや二胡が一斉に奏でる。相当な大音量である。

しばらくして、床に小さな鍋のようなものが置かれる。その脇にはろうそくが２本。そしてその周りには卵が８個並べられる。さらに鍋の周りに凸型の小さな瓦が８個並べられ、そのくぼみに紙を円錐形に折ったものが差し込まれる。

７人の道士はその周りを読経、というより歌いながら周り、マイクを持った進行役が喪主であるウィングをそのちょっと離れた傍らに立たせる。そして読経と音楽がピークに差し掛かった時、道士はお経を書いた紙を持っていた刀にたくさん突き刺して、鍋の中の油をすくってひとつの瓦にかけ、それに円錐形の紙を使って蝋燭で炎をつけ、舞い、踊り、火のついた刀を放り投げ、またそれを器用に受け取って炎と共に舞い、そしてその刀で瓦を1枚叩き割る。

そしてまた最初から読経が始まり、ウィングは今度は別のところに立たされ、同じように道師は舞い踊り、そしてまた火のついた瓦を叩き割る。そんなことが都合8回繰り返され、ふと見ると部屋の電気は消されていて、気がつくと歌と炎の大スペクタルショーになっていた。

その映画のような光景を誰もが無表情で眺めていた。私もそれをぼーっと見ている。

「これは現実ではない、きっと夢なんだ」

列席者は皆そう思っていた、いやそう思おうとしていたに違いない。

一連のパフォーマンスがすべて終わる頃になると、いつの間にやら列席者はすべていなくなり親族だけが残っている。料理がどこからともなく運ばれてきて、遺影の前には子豚の丸焼きや鳥や餃子や、そしてそんなご馳走に混じってワインが置かれている。きっと死んだ婚約者はワインが好きだったのだろう。遺影の前にもワイングラスが置かれ、そこにもワインが注がれ、みんなで乾杯した。

「结婚快乐《ジエフンクアイラー》（結婚おめでとう）!!」

みんな口々にそう言って遺影のワイングラスに乾杯する。ここからは親族だけの通夜なのであろう。

「今日はね、彼女との別れの日でもあるし、僕との結婚式でもあるんだよ」

ウィングが私にそう耳打ちしてくれた。そういえば婚約者の姓は「許」、ウィングの姓は

「葉」だが、葬儀は「葉門許氏」として執り行われている。
現代の風習に反して、彼は遺体にウェディングドレスを着せ、エンゲージリングをはめ、今日は彼女の夫として葬儀を執り行っているのである。
「冥婚《ミンフン》」という古い中国の風習であると彼は言った。

アゲハ蝶

中国の伝統では、子供が親より先に死ぬことは一番の親不孝なことなので、基本的に子供の葬式には親は列席しないという風習がある。ウィングの婚約者の両親も、葬儀場に来てはいるもののずっと控え室に隠れていたのだが、夜中になって列席者がいなくなると、いわゆる無礼講みたいなものなのか、ご両親が出てきて身内だけで酒を酌み交わしていた。いわゆる「お通夜」のようなものなのであろうか……。

お父さんは香港人にしては北京語が非常に達者で、娘が死んだ時にすぐ香港まで飛んできてずっとウィングに付き添っていた私に好感を持ったのであろう、いつも私を捕まえては達者な北京語で話しかけてきた。

宴は朝方まで続き、そのままみんなで飲茶を食べに行って、食べ終わったらまた葬儀場に戻ってきて道士の読経が始まる。最後のセレモニーなのだろう、遺体が出てきて、列席者は最後の別れをする。そして遺体はそのままBEYONDのボーカル黄家駒《ホアン・ジアージュイー》が眠る海の見渡せる綺麗な墓地へと埋められる。その彼女を導くのが喪主であるウィングなのである。

車に乗って小一時間、墓地に着いたら道士がまた一通り儀式を執り行い、墓地に棺桶が埋葬されるその瞬間、私の前を綺麗なアゲハ蝶が横切って棺桶の方に飛んで行った。

「秋にアゲハ蝶ねえ……」

何やらその季節外れな光景に見とれていたら、ウィングがにこっとして私に耳打ちしてくれた。

「中国ではねぇ、故人が蝶になって自分の葬式を見に来るという言い伝えがあるんだ。ほんとに今、彼女が来てくれたんだ……」

映画の一幕のような埋葬の儀が終わり、そのまま列席者全員が用意されたレストランに行ってまた食事となる。昨日葬儀場に入ってもう24時間以上経っているというのに列席者はみんな元気だった。

宴もたけなわになってきて、故人のご両親の席では乾杯の嵐である。「今日は葬式ではない、めでたい結婚式なんだ」という雰囲気である。何も知らない人が見たら本当にめでたい結婚式だと思うかも知れない。

列席者がひとり、またひとりと帰路に着くと、残ったのは本当に親族ばかりで、赤の他人は私だけになった。私はさすがに限界がきて個室の隅の椅子の上で酔い潰れてしまったが、目が覚めたらまだ「乾杯！　乾杯！」が続いていた。気がつけばもう夜の食事のオーダーに入っている。あのままずーっと飲み続けているのだ。私だけ寝ているわけにはいかない。さすがに気持ちが悪いのでトイレに行ってちょっと吐いてきてはまた飲む。

それを繰り返しているうちにこんな光景を見た。故人の妹さんが外で泣いているのを数人で慰め、何とか立ち直ったらまた中に入って大騒ぎに騒ぎ、そして今度はもうひとりの妹さんが出てきては泣き、それをまたみんなで慰める……。

そうか……この個室の中は結婚式、くれぐれも「涙は厳禁」なのだ。みんなはお父さんに気遣って頑張って頑張って大騒ぎをしているのだ。お父さんはそんなみんなの気持ちを汲んで、頑張って頑張って一緒に大騒ぎをしているのだ。

しかしある瞬間、そのお父さんが突然ウィングを抱きしめて号泣した。

部屋の中の空気が止まった。「自分だけは泣いてはいけない」みんながそう思って凍り付いているような感じである。

お父さんは泣きながら私に流暢な北京語でこう言った。

「私はね、今日娘を亡くしました。でも今日、こんないい息子ができました」

そしてまたウィングを強く抱きしめて号泣した。

それを見て私の涙腺は崩壊した。でもここで涙を見せるわけにはいかない。この部屋の中では私だけが赤の他人、もっと悲しい立場の人たちが、涙を見せないように頑張って頑張ってここまできているのだ。私なんかが涙を見せるわけにはいかない。

慌ててトイレに駆け込んで号泣した。声を出して泣いたら人に聞こえるので一生懸命声を殺した。どのぐらい泣いていただろう、人が呼びに来たので「悪いねぇ、酔い潰れちゃったよ」と言い訳しながら、またできるだけの笑顔で部屋に戻って行ってまた乾杯をした。

お父さんもまた元気に乾杯を繰り返していたが、酔いも回って限界だったのだろう。また声を上げて号泣した。でもウィングは泣かなかった。お父さんを慰めて、その合間に私に小声でこうつぶやいた。

「辛いよ……自分の娘が俺の部屋で死んだんだ……ご両親のことを考えるといても立ってもいられない。それが何よりも辛い……」

黄家駒の墓地

お父さんが酔いつぶれ、やっとすべての人間が帰路に着いた。私はウィングと共に彼の部屋に着いて、疲れ果ててどさっとソファーに腰を下ろしたウィングにすぐ謝った。
「一番悲しいお前が泣いていないというのに、俺が泣いちゃったよ。ゴメン!!」
「没問題《メイウェンティー》（問題ないの意）！　悲しい時は泣けばいいんだよ。でも俺が泣いたら何より俺の両親が辛いからね……」

優しく笑ってくれた彼の笑顔は3週間前見たあの悲しい笑顔ではなかった。何か大仕事をやり遂げた男の自信があった。

「強くなったな、お前……9年前黄家駒《ホアン・ジアージュイー》が死んだ時はお前ら3人はただおろおろしていただけだったけど、今日はお前は立派に喪主として、そして両家の長として最後までよく頑張った！」

彼はまた優しい笑顔で、ソファーの傍らに飾ってある婚約者の写真を見てこう言った。

「いや、それもこれも彼女が支えてくれたからさ……」

彼女の写真が同じように優しく彼に微笑んでいた。

≫ドラマーからボーカリストへ

ＢＥＹＯＮＤは中華圏では知らない人はいないほどの大スターだが、日本ではその存在を知る人は少ない。しかしながら熱烈なファンはいることにはいる。私はほんの遊びのつもりで「そんなファン達のために日本に遊びに来てライブでもやらないか」とウィングに声をかけていた。

ところがそのライブを1カ月ほど前に控えた日に彼の婚約者が彼の自宅の浴槽で溺死する

というショッキングな事件が起きた。

「どうする？　こんな小さなライブなんてキャンセルしたっていいんだよ」

私は彼を気遣ってそう言った。ほんの遊びのライブなのだ。こんな事件の後の初ライブがそれだなんて可哀想すぎる……。

しかし彼は力なく、そしてはっきりと私にこう言った。

「行くよ。僕は歌う」

バンドの中心人物であったボーカリストの黄家駒《ホアン・ジアージュイー》を事故で亡くし、その絶望からやっと立ち直ったと思ったら次には婚約者を亡くした。自分にはもう何もない。どこでだって歌うさ、歌う以外自分に何がある……。そんな気持ちが伝わってきた。


BEYONDは、日本で活動していた時には日本最大の音楽プロダクションやメジャーレコード会社と契約していたが、業績が振るわなければ日本の会社など絶対に動いてなどくれない。日本を撤退したバンドのドラマーのツアーブッキングなど、やりたかったら何から何まで自分でやらねばならないのだ。

でもそれは私が爆風スランプの大プロダクションに所属していた時も同じである。毎月の有り余るほどの給料をもらいながら、本当に自分のやりたいことをやるためには、やっぱり自分自身で動くしかなかった。

私がブッキングしたのは東京、名古屋、神戸の小さなライブハウスである。自分自身の力

ウィングのバックでドラムを叩く著者

のなさを痛感する。ウィングが広東省のディスコやキャバレーでやっている、いわゆる「ドサ回り」の営業仕事だって数百名を動員するのだ。紅白歌合戦に2回出場し、日本人なら知らない人がいないヒット曲を書いたこの私が、命を懸けてブッキングをしたってこの程度しかできないこと、そして中華圏最大のバンドBEYONDのメンバーが、ボーカリストを日本で失うという代償を払ってもなお、そのメンバーのこの国における影響力が所詮はこの程度であるということも、これは私にとっては悲しくてやり切れない事実でしかない。

でもどんな大きな会社のバックアップもなく、日本全国のロック仲間の力だけでブッキングしたこのツアーは、小さいながらウィングに胸を張って「どうぞ」と言えるものであると思っている。泣いたって笑ったってこれだけしか力がないのは事実なんだから……。

エコノミークラスの格安チケットで香港から9年振りにやって来たウィングはそれでも楽しそうだった。この国ではイヤなこともたくさんあった、でもこの国には友達がいる、そんな気持ちだったのだろう。

ステージでは自分のオリジナルに加えてBEYONDのナンバーも歌った。黄家駒《ホアン・ジアージュイー》の遺作となった「海闊天空《ハイクオティエンコン》

（邦題：遥かなる夢に～Far away～）を歌う前のＭＣで、彼はこんなことを言った。

「ドラム台を降りてスティックをギターに持ち替えて歌を歌うって本当に大変なことだった。僕の歌はまだまだで、天国の黄家駒《ホアン・ジアージュイー》に笑われちゃうかも知れないけど、でも一生懸命歌うからみんな聞いておくれ」

そう言って歌ったこの曲の彼の歌は圧巻だった。ベースを弾いていたバーべＱ和佐田はステージを降りてしみじみと私にこう言った。

「彼は本当にいい転身をしたよね。素晴らしいボーカリストだよ」

歌とはすなわち「魂」である。彼は自分の人生において、もう「歌うこと」以外残っていない。死んで神様になった黄家駒《ホアン・ジアージュイー》ほど上手くなくたって、全盛期のＢＥＹＯＮＤの動員数には遥かに及ばなくたって、泣いたって笑ったって彼は歌うしかないんだから……。

小さな小さなライブハウスツアーは、彼の日本での友人達と共に楽しく幕を閉じた。ひとりのドラマーが本物のボーカリストへと見事な転身を遂げた瞬間だった。

≫BEYOND再活動

中華圏最大のバンドであるＢＥＹＯＮＤは１９８３年に結成された。10周年に当たる

1993年にはボーカルの黄家駒《ホアン・ジアージュイー》が日本で不慮の事故で亡くなり何の記念行事もできずその後活動停止、ドラムのウィングはフロントを取っていたギターのポール、ベースのスティーブのふたりに一生懸命働きかけて、何とか20周年には再活動してそのステージの上で結婚の発表をしようと画策していたのだが、その婚約者が彼の部屋の浴槽で溺死するというショッキングな事件が起きた。

そんなウィングのためを思ってか、はたまた天国の黄家駒《ホアン・ジアージュイー》の粋な計らいか、2003年4月についにBEYONDは再活動を開始し、勢力的にツアーを回った。

大切な中心人物を失ったBEYONDは、その一方で亡くなった黄家駒《ホアン・ジアージュイー》がますます神格化され、中国ロックを愛する者の中では本当に「神」となって人気は逆に急上昇した。中華圏で商業的に最も成功を得たこのバンドの再結成における経済効果は、中国経済のバブル的上昇も受けて計り知れないほどの大きさとなり、中国各地のみならず、マレーシア、シンガポール、カナダなど世界各地を回るツアーはすべてスタジアムクラス、一説によると各メンバーひとりのギャランティーは日本円で一本一千万円を上回るという勢いであった。

日本でいう武道館クラスの香港コロシアムを5日間ソールドアウトし、さらに追加公演3日間を行うと決まって、そこを皮切りに2年に渡る世界ツアーが始まる。そんな時にウィングから「コンサート見にこいよ」と電話があった。私は喜び勇んで北京から香港に飛んだ。

今では北京から香港までの直通便は安くなっているが、当時は国際便扱いになって高いの

で広州や深圳などに格安便で飛んでから陸路で香港に入る。数年前までは、ウィングはこの広東省の田舎町でギター片手に場末のディスコやキャバレーを営業仕事で回っていたのが、今や香港コロシアムを8日間満杯にするところまで返り咲いたのだ。私は深圳から香港に向かう列車の中で感慨にふけった。

香港コロシアムに着いたら入り待ちのＢＥＹＯＮＤファンに囲まれた。北京から一緒に来た友人は「お前は香港でもこんなに有名人なのか?」と目を白黒させたがそんないいもんじゃない。サンプラザ中野が仕事で香港に行った時、会う人会う人がファンキーの名前を言うので「お前は香港で何をやっているんだ?」とびっくりしていたが、何のことはない、友人がどん底の頃にずーっとそばにいただけのことである。ＢＥＹＯＮＤのファンはみんなそのことを知っている。私はこの中華圏最大のバンドのいち友人なのである。

コンサートが始まった。オープニングナンバーは「海闊天空《ハイクオティエンコン》（邦題：遥かなる夢に～Far away～)」、亡くなった黄家駒《ホアン・ジアージュイー》の遺作となったこの曲は中華圏では知らない人はいないほどの大スタンダードとなっている。

リードボーカリストがいなくなったBEYONDは、再活動前はポールとスティーブが主にふたりでリードボーカルをとっていたが、再活動後はウィングのボーカルが大フィーチャーされている。この曲は1コーラス目ではドラムを叩く部分がないのだが、ウィングがドラム台に立ち上がってワンコーラス全部歌う。またこの歌が素晴らしくよかった。黄家駒《ホアン・ジアージュイー》が死ぬ前も後もずーっと大スターだったポールやスティーブと違って、ウィングだけがどん底を知っている。「自分には歌しかない」と思って歌っている。この強い思いが他のふたりと大きく違うのだ。聞く人にもきっとそれが伝わるのだ。

思えば私はBEYONDのコンサートというものをこの日初めて見た。何と数多くのヒット曲を持つバンドなのだろう……それぞれの曲に思い出がある。彼らと日本で一緒に遊んでた頃、黄家駒《ホアン・ジアージュイー》が死んで彼らが香港に帰った頃、ウィングが広東省でドサ回りをやっていた頃、そして彼の日本での小さな小さなツアー……思い出が走馬灯のように思い出されてくる。

アコースティックコーナーではウィングが「遥望《ヤオワン》（邦題：手紙）」という曲を日本語で歌った。きっと彼の日本に対する思いは他のメンバーとはまた別のものがあるのだろう。

そして今回のツアーの目玉は、新しく発見された黄家駒《ホアン・ジアージュイー》のデモテープ音源に合わせてバンドが一緒に演奏する曲である。演出で、ぼやけた映像の黄家駒《ホアン・ジアージュイー》の映像がステージでギターを弾いて彼らと一緒に歌う。衣装は日本活動中の最後のステージ衣装である赤いブレザー……。どうやっているのか最後までタネがわからなかったが、打ち上げの時にポールが種明かしをしてくれた。

「黄家駒《ホアン・ジアージュイー》と同じ背格好のヤツに彼の服を着せて歌うマネをさせていたのさ」

そう聞いて、なんだか黄家駒《ホアン・ジアージュイー》が「は、は、は、ファンキー、わからなかっただろ」といたずらっぽく私に話しかけているような気がした。

≫香港のマネージャー、サム・ジョー

ここで少し香港の思い出について語ろうと思う。

私が最初に海外に行ったのは香港だった。爆風スランプの所属レコード会社は、後からデビューした米米クラブや聖飢魔Ⅱなどと一緒に「面白系」とくくった先駆けとして、何か面白そうなことは爆風スランプで試してみて、成功したら彼ら後輩達にそのノウハウを惜しみなく使い、失敗したら笑って忘れようという動きであった。「ロックバンドといえばみんなイギリスだアメリカだ、これからはアジアに目を向けてもいいんじゃないか」ということで爆風スランプのアジアツアーを組んだのだが、それに懲りて後輩達にはもうそれはやらせていない。

私はその時のツアーが初めての海外で、最初に降り立った海外が香港だった。

そしてそのアジアツアーをブッキングしたのがサム・ジョー（Sam Joe）という香港人。彼は「音楽一週《ミュージック・ウィーク》」という雑誌を発刊している音楽評論家だった。その雑誌は当時ロックの情報があまりなかった香港では唯一のロック雑誌で、香港のすべてのロックミュージシャンはみんなこの雑誌によってロックの情報を勉強したというほどで、まあいうならば香港の「ロックの父」のような存在だった。

縁とは面白いもので、彼との再会は爆風スランプの所属事務所であった。香港事務所を設立するために選んだスタッフが彼だったのだ。

彼にはクイニー（Queeny）という恋人がいて一緒に仕事をしていた。彼女は美人で頭も切れる香港人女性で、ルックス的にはあまりぱっとしないサムを心から尊敬しているように感じ取れた。人望があり、お人好しのロック好きと、バリバリに仕事ができる彼女とは公私共にいいコンビだと感じた。

ところが所属事務所はどうもこの二人を上手く使いこなせなかったようだ。たまたま香港に行った時に彼らを訪ねて行ったら、

「ファンキー、私たちのこと聞いていないの？」

とクイニーが言うので何かと思ったら、実は大げんかをして事務所をやめたばかりだということだ。

これがまた縁となり、私は香港関係のマネージメントを彼らにやってもらうことにした。窓口は北京語があまり喋れないサムではなく、英語、北京語を流暢に操るクイニーとなっ

サム・ジョー

た。女性に年を聞くのは失礼なので実年齢のほどはわからないが、確実に私より歳下であるはずなのに、私にとっては何かお姉さんのような存在であった。サムはさしずめお兄さんである。

私たちの関係はすこぶるよく、彼らはいろんな仕事を私に紹介してくれた。だがすぐに大きな問題が起こって「中国人って難しいな」と頭を抱えた。

それは私がBEYONDのギタリストポールのソロアルバムに参加した時のことである。レコーディングが終わり、マネージャーとしてギャラの精算をクイニーに頼んだら、後でポールが非常に腹を立てていると聞いてびっくりした。

「あの女から金を払えって連絡がきたぞ!! 一体どうなってるんだ!!」

当時中国ではもちろんのこと、香港でも「友人関係」で仕事をすることが多かったので、関係ない人間がマネージャー気取りでギャラを請求するのがカチンときたのか、ポールとしてはレコーディング終了後にわざわざ自分が車を運転して空港まで送ってくれたり、私との友情関係ですべてが動いているのだから、レコード会社から予算をもらったら今度会った時にメシでも食いながらギャラを渡そうとでも思っていたのだろう。

また、香港のすべてのロッカーはサムを通じてロックを勉強したので彼のことをとても尊敬しているものの、ビジネスとなると表に出てくるクイニーのことを疎ましく思ってのかも知れない。

そんなことがあってから、私はクイニーが取ってきた仕事以外はなるだけ人を間に挟まずに直接自分で話すようにした。

サムとクイニーが運営していたロック雑誌「音楽一週」は、その後時代の流れを受けて廃刊となった。それと共にふたりの音楽ビジネスも次第に縮小していったようだ。しかしインターネットの普及と共に「音楽一週」はインターネット雑誌として再開したようだ。10年振りに会ったサムは私にこう言った。

「It's time to ROCK!!(またロックをやる時がきたぜ)」

香港でのバックバンドの仕事

香港のマネージャーとなってくれたサムとクイニーが、最初に取ってきてくれた仕事が「アンディー・ホイ」という歌手のバックの仕事である。

香港コロシアムで3デイズという大きな仕事で、リハーサルはその前に1週間ほど毎日行われる。本番も合わせたら10日以上の旅で、海外で仕事をして暮らしたいという夢を持っていた私にとっては初めての海外での大きな仕事でとてもうれしかった。

音楽の仕事のシステムとしては、香港は日本のバックバンドより進んでいるようだ。バンマス（バンドマスター）が書いた全体のアレンジ譜を、アシスタントがすぐさまそれぞれの楽器の人に渡す「パート譜」に書き直していく。楽譜には曲番号が振られており、バンマスは「ナンバー7」とか言いながら曲を指定してリハーサルを進行させていく。曲名を漢字で書かれても、広東語読みと北京語読みとはまるで違うのだからこのシステムは非常に助かった。

ただひとつ困ったのはバンマスが北京語を話せないということだった。フィリピンなどの有能なミュージシャンなどを使っていたためか英語は非常に堪能なのだが、今度は私が英語が苦手でよくわからない。運良くベーシストが北京語が達者だったので、彼がバンマスの英語を北京語に訳してくれるという形でコミュニケーションが成り立った。

リハーサルは英語問題以外は順調に進み、ついに本番となった。初日に会場入りしたら、バンマスのところにはディレクションマイクが置かれており、外には声は聞こえないがバンドメンバーにはモニターで聞こえるようにして、曲番号を指定したりカウントを出してテンポを指定したりする。このやり方は日本ではあまり見たことがなかったが、リハーサルの時にマイクで指示しているのと同じようにステージが進行するので非常に便利であると感じた。

サウンドチェックを終えていざ本番となって初めて気付いたのだが、バックバンドのための楽屋が用意されていない。客入れも終わってもうすぐ本番だというのに、みんな私物を持ってステージに上がる。開演ベルが鳴る前にバンドは先にステージに上がって座っているのである。日本ではバックバンドが登場した時に大きな拍手が起こるが、香港ではどうもバックバンドはオーケストラのように舞台に常駐であるという意識のようだ。みんなステージ上でそれぞれ物を食べたり電話をしたり、とても今から大きなコンサートが始まるようには思えない。

開演のベルがなり、バンマスがディレクションマイクで始まりを告げると、そこでバンドのメンバーは初めて携帯電話や食べ物を置いて「仕事モード」となる。

アンディー・ホイ

曲が始まる時にはバンマスがカウントを出すのでそれに合わせてドラムを叩く。このシステムがないとドラマーがすべてのタイミングを察知してカウントを出さねばならないのでプレッシャーが大きい。曲間のMC（おしゃべり）の部分でも次の曲に入るタイミングはバンマスが出してくれるので、広東語のわからない私にとっては自分でカウントを出さなくていいので非常に助かる。

このようにしてコンサートは進んでいくのだが、途中のゲストコーナーが大変である。3日間のコンサートで毎日違う複数のゲストが来て歌うのだが、当日になるまで誰が来るのかがわからない。ゲストはリハーサルにも来ずにぶっつけ本番なので、ゲストが到着したらスタッフがバンマスにそれを告げるのだろう、バンマスが「ナンバー21」とか突然譜面番号をディレクションマイクで喋り、バンドメンバーは大慌てでその譜面をセットしたと思ったらバンマスがカウントを出す。私はどんな曲だか思い出せないままドラムを叩く。イントロで歌手が登場したら客席は興奮のるつぼとなるのだが、私は譜面から目が離せないので一体誰がゲストとして登場したのかもわからないまま最後までドラムを叩く。毎回数人のゲストが出演するので毎日そんなことを繰り返すのである。

そんな中、この3日間のコンサートが終わった次の日に同じこの香港コロシアムでコンサートをやるのが日本のチャゲ&飛鳥だという話を聞いた。翌日コンサートだということはこの3日間の最終日には香港に前乗りできているということではないか。私は親交のあった飛鳥さんにこのコンサートを見に来てくれるよう連絡を取った。

1997年、チャゲ&飛鳥はアジア全土で人気絶頂であった。この香港コロシアムで単独コンサートをやる日本人アーティストなんてなかなかいない。奇しくも私がバックバンドをやっているアンディー・ホイの翌日がチャゲアスのコンサートなのだ。

私はマネージャーのクイニーの携帯電話の番号を飛鳥さんに伝えていた。クイニーはアジアの大スターから電話がかかってくるということで心なしか緊張しているようだ。会場のVIP席を用意して、電話がきたらすぐピックアップに行けるように待機していた。

ところがサウンドチェックが始まり、リハーサルが始まっても電話がこない。私は半ばあきらめてステージに上がった。

バックバンドが歌手より先にステージに上がって、椅子に座って物を食ったり携帯で喋っていたりして、そこを楽屋代わりに思い思いに過ごしている。ドラム台はステージ一番後ろの一番高いところにあるのだが、私はそこから客席を見下ろして「VIP席はどこかなぁ。飛鳥さんとは連絡取れたかなぁ」とぼーっと座っていた。

ところがあと5分で開演しようというその時、客席からステージをよじ上ってドラム台まで上がってこようとしている人間がいる。見るとクイニーである。片手に携帯を持って私の方に差し出している。

「飛鳥から電話よ～」

おいおい、もうすぐ出番である、私は大慌てで駆け降りて電話を取ってクイニーに迎えに行くように指示した。

最終日のコンサートが始まった。ゲストコーナーでは毎回いろんなゲストが出てきて歌い、私はバンマスから指示された譜面番号の曲をバンマスのカウントに合わせてフィルを入れて叩き始めるだけでよい。

ところが最終日はちょっと勝手が違っていた。何人かのゲストに続いて女性歌手が登場したのだが、歌う前にアンディー・ホイとお喋りを始めた。広東語なので私には何を喋ってるかわからない。突然バンマスがディレクションマイクで「ファンキー!! ロックンロールだ!! ロックンロールを叩け」と言うのだ。譜面番号も言わないので何の曲やらわからない。ベーシストに「譜面番号何番の曲なの?」と聞くのだが「ファンキー!! ロックンロールだよ!!」と北京語で言うのみである。歌手も業を煮やして「ドラマーさん、ロックンロールだよ!!」と北京語で説明し出す始末。それでもわからないので間を持たせるために私のことを紹介し始めた。

「今日のドラマーは日本の爆風スランプというバンドのドラマーで、僕が歌った〝情熱熱風LaLaLa〟の作曲者でもあるんだよ」

彼はいろんな歌手と一緒に爆風スランプの「東京ラテン系セニョリータ」を広東語でカバーしているのだ。

一応立ち上がって挨拶をするのだがどの曲を演奏するのかやはりわからない。待ち切れずについにバンマスがカウントを出した。つられて私はロックンロールっぽいリズムを叩く。

1コーラス歌ってやっと何の曲なのかわかった。山口百恵の「ロックンロール・ウィドウ」である。きっとゲストはこの曲をカバーしている「アニタ・ムイ」なのだろう。

ゲストコーナーも終わって、アンコール最後の曲。ちなみに本編が終わって歌手は舞台を降りるがバンドは降りずに、歌手の着替えが終わったらそのままアンコール曲を演奏する。曲は毎回違っていてその都度バンマスが譜面番号で指示するのだが、アンコール最後の曲の最後には「チェイサー」というのがつく。ディレクションマイクでバンマスが「リハーサルマークFをリピートしてチェイサーにするからね」と指示を送るのだ。

チェイサーとは歌手の送り出しをするための演奏部分で、日本では歌手が舞台を降りても演奏が終わるまで客は帰らないが、香港では私が必死で譜面とにらめっこして最後まで叩き終わったら客はもう誰もいない。スタジアムクラス満席の客がこのチェイサーの間に全員帰ってしまうのだ。

この日、いつものようにチェイサーを演奏し終わって、がらんとした客席の中から「ぱちぱちぱち」と小さな拍手がきた。見ると飛鳥さんだけがひとり客席に残っていて、VIP席に座ってひとり拍手をしてくれている。

私はそのまま荷物を片付けてステージをまっすぐ降りて飛鳥さんに挨拶した。

「凄いよねぇ、さっきまでドラム叩いていた人がそのままますぐ客席に降りてくるんだもんねぇ」

打ち上げに来てくれた飛鳥さんはもみくちゃだった。さすがはアジアの大スターである。

STORY

5

生きる場所

≫北京の新しい「家族」

今度は北京の思い出を少々語りたいと思う。

どうも昔から放浪癖があるようで「家」というものにとんと執着がない。

小学校の頃は「トム・ソーヤーの冒険」という本を読んで「僕も無人島で暮らそう」と家出したことがある。当時は実家が香川県なのでよかったが、瀬戸内海でなく高知の太平洋だったらきっと今頃溺死していただろう。

その後は東京に家出して、その日に仲良くなった友達のところに泊まるという放浪生活をしていた。定住していないというのは居心地がよく、ちゃんとアパートを借りてからはかえって窮屈な思いをした。デビューしてからはツアー等で家を空ける生活が心地よかった。

そんな具合だから、一応2000年に北京に定住とプロフィールには書いているが、相変わらず日本と行き来する生活がずっと続いているので、いつからがちゃんと「定住」なのかは定かではない。

北京でも友人の家を転々と泊まり歩いていたが、ぼちぼち部屋でも借りねばという思いもあり、中国人の友人が格安の物件を探してくれて初めて住居を借りた。

当時は中国の不動産バブルがピークを迎えており、誰もかれもが不動産物件を買い漁っていた。貧乏なミュージシャンとかがマンションを買ったとか言うので、

「お前みたいな貧乏人がどうしてマンション買えるんだ？」

と聞くと、

「買えるよ、銀行がローンを組んでくれるからさ」

と言うので、

「定収入がないのにどうしてローンが組めるんだ？」

と聞くと、

「簡単だよ、友達の弁護士に収入証明を書いてもらえばいくらでも貸してくれるよ」

と言う。私はびっくりして、

「そんなんでローン組んだら返せないだろ」

と言うと、

「返せなかったら部屋取り上げられるだけだからいいじゃん」

と言う。

私はこの国のバブルはもう長くないなと思っていたら２００８年のオリンピックま

でさらにバブルは加速し、今なお衰えを知らないんだからわけがわからない。

私もちょっと頑張れば買えないことはなかったが、持ち前の放浪癖がそれをさせなかったので賃貸しのこの物件に住むことにした。古い公団のようなアパートであるが、本当は外国人が借りてはいけない物件らしく、その中国人の友人名義で借りて、まあ公然の秘密としてそこに住めばいいよということになった。全くもって中国式である。

部屋は2LDK、ドアを開けると正面にトイレとシャワールーム、左側に台所とリビングがあり、右側に小さなベッドルームがある。私が借りたのはその右側の小さなベッドルームなのであるが、トイレやシャワールーム、台所やリビングなどは自由に使用していいとのこと。もうひとつのベッドルームは大家さんの家族の荷物が入っているので使えないと言う。場所は北京駅の近くの一等地で、もともと中国の部屋は日本に比べたら間取りが広く、一部屋使えないだけでひと月の家賃が800元（約1万5千円）というのは破格である。

私は友人をたくさん呼び集めて引っ越しパーティーをした。冷蔵庫を見たら食材も入っていたのでびっくりした。通常中国の賃貸しアパートは家具付きであるが、食材までついているのは珍しい。友人達とありがたくいただいた。

ところが引っ越して数週間も経たないある日、日本から帰ってきて部屋のドアを開けたら知らない家族が私を出迎えた。

「あら、あなたがこの部屋借りてくれた方なのね？　私たちはあなたの大家よ。今後ともよろしくね」

わけがわからない。どうして私が借りた部屋に大家さん一家が住んでいるのだろう……。

大家さん一家は私をリビングに通し、手作りの料理でもてなした。

「これからは同居になるからね、私たちはもう家族よ。洗濯物は洗濯機に放り込んでおけば洗ったげるからね」

なし崩し的に「家族」ができた。別にドアを入って左側にさえ入らなければプライバシーは守れるし、小さな部屋だけを借りたと思えばそれでいいのだが、ひと月８００元支払う対価が半分以下になったからといって別に家賃が下がるとかいう話もなかった。

だが、日本に帰ったりすると戻った時には

「どこに行っていたのよ、何日も家を空けて。心配したわよ」

と言われるので、これはもう「ルームシェア」というには干渉過多である。少々高くてもちゃんとしたところに引っ越そうということになり、「日本に帰るから部屋は解約します」と大家に言うとわざわざ送別会まで開いてくれた。

その家族とはあれからもうずっと会っていない。今となっては懐かしい思い出である。

》美人秘書

北京に居を移してしばらくして、とあるレコーディングの仕事で近所のスタジオに行った。そこにいた美しい女性、名をリーリーという。

顔立ちがとても美しく背も高くてすらっとしていたのでわからなかったが、歳の頃は聞けばまだ15歳そこそこだという。「美女」というよりは「美少女」である。

「ここで何をやっているの？　学校は？」

当然のごとくそう聞くのだが、どうも家が貧乏で学校には行かず、小間使いとして住み込みでこのスタジオで働いているらしい。

経済成長の著しい中国では、極端な貧富の差が社会問題になりかけていた。音楽界では歌手が1曲ヒット曲を出せば年間何億も稼ぎ、そんな歌手を生み出すために自費でレコードを作る金持ちが後を絶たず、そのためにこんなレコーディングスタジオをばんばん作る金持ちも多い中、貧乏であるために学校にも行けずこうしてそこに住み込みで働く美少女もいる。

幸いスタジオにはパソコンがあり、中国語であれば彼女とメールでやりとりができるということから、待ち時間の多いこの仕事の合間に私のメール秘書をやってもらうことにした。

彼女に携帯電話をひとつ買い与え、私が日本に帰る時にはその携帯に電話を転送する。仕事の依頼だった場合には彼女は私にメールを書いて指示を仰ぐという具合だ。

仕事のやりとり以外にもいろんなやり取りをしたが、

「じゃあ君はどんな夢があるの？」

という質問に
「私はねえ、勉強がしたいの。学校に行きたいの」

と答えたのが印象的だった。

典型的な「清く貧しく美しく」の美少女である。


音楽好きの彼女のために仕事がない時はいろんなライブにも連れて行った。アンダーグラウンドバンドが集まるライブハウスの中でも彼女の美貌はひときわ目立つ存在だったのだろう。会場で会ったとあるバンドのボーカルが私に電話をかけてきた。

「ファンキー、お前が連れてきた女性は一体誰だ？」

聞けば一緒にライブに来た彼の友人がモデル事務所をやっていて、業界にすれたような美人ではなく、彼女のような素朴で清楚な美女を探していたと言う。つまり「スカウト」である。


私は喜び勇んで彼女に電話をかけた。

「凄い話だよ。興味ある？」

彼女はあまり乗り気じゃなかったようだ。私は彼との話し合いをセッティングした。中国人同士じっくり話せば活路があるだろう。

河北省に嫁いだ美人秘書と旦那様と著者

「どうして学校に行っていない？」

誰もが思う素朴な疑問を彼は投げかけていく。家族構成や、どうしてそんなに貧乏なのかも聞いていくが、何やら戸籍がないとかかなりダークな話になると、私は聞き耳を立てるのが悪くなって耳をシャットアウトした。

中国人のモノの言い方は時にはもの凄くストレートである。

「お前は自分がそれだけ美人だということをわかっているのか。この国で美人だということは〝金を稼げる〟ということだ。お前が金を稼げばお前の妹は行きたい学校に行けるだろ!!」

この説得の方法には私はさすがにぷっと笑ってしまった。

数日後、まだ迷っている彼女のために翌朝ジョギングをする振りをして彼女のスタジオを訪ねて行った。

「ちょっと近所まで来たもんだからね」

眠気まなこで出迎えてくれた彼女に、スタジオの中でもちょっとジョギングしている振りをしながらこう言った。

「昨日の話だけどさぁ……断ったら絶交だからね、じゃ!!」

とそのままジョギングしながら出て行った。

彼女はさすがに重い腰を上げて事務所の社長に会いに行き、契約書のひな形を渡された。契約書の内容は、私の音楽業界の友人達にも見てもらったが、まあ少々縛りはキツいものの業界では普通の契約書であるという。

私は彼女がその契約書にサインして、モデルとしてこの国で大きく羽ばたくのを夢見た。まるで「醜いアヒルの子」が「白鳥」となってこの貧民街から羽ばたいていくようなシンデレラストーリーである。


しかし数日して彼女はその話を断った。やはり芸能界は自分には合っていない、やっていく自信はない、と。その後彼女は私の秘書をやめ、ちゃんとした歌手のマネージャーとして音楽業界の裏方となって活躍した。

先日、河北省に嫁いで子供もできたという彼女と数年振りに会ってきた。幸せそうで何よりである。道は違ったが彼女が幸せであってくれればそれでいい。

願わくばこの国のもっともっと貧しい子供たちが将来もっと幸せになってくれることを願う。

再婚

離婚してから北京でもいろんな恋はしたが、結婚までは至らなかった。バツイチふたりの子持ちと結婚することは、すなわちそのふたりの子供の母親になることなのだから女性の方にもなかなか勇気が要る。

ところが幸運にもその勇気を持ち合わせている女性が現れた。それが今の私の妻である。前の妻は敢えて音楽とは関係ない普通の人間を選んだのだが、逆にミュージシャンの生活というのが理解できないところがうまくいかない原因であった。だから今度は自分の音楽のファンを選んだ。それならこのミュージシャンの生活を理解してくれるだろうと考えたのである。

妻は20歳年下、もちろん初婚であるため私の方からは結婚に関して何の条件も言える立場ではないのだが、ひとつだけ「結婚式には子供たちも参加させてほしい」ということだけお願いした。父親が再婚するという実感がまだない年ではあっても、子供たちもこの結婚を一緒に祝ったんだという既成事実を残しておきたかったのだ。

結婚式は妻の実家のある神戸で行われるのであるが、子供の貸衣装が問題となった。神戸の結婚式場で借りるなら、衣装合わせと当日の結婚式のために子供たちは神戸に2往復せね

前妻と選んだドレスを着た子供たち

ばならないのだ。

　仕方がないので高知で貸衣装屋を探した。幸い親戚が美容室をやっているのでその近所ですぐに見つかった。「花嫁衣装高砂」という店である。

　ところが妻と共に衣装合わせに高知に行った時に非常に面白い出来事が起こる。偶然にも前の妻が子供たちに会いに高知に来ていたのだ。

　私は両親が離婚してお互いの悪口を聞きながら育ったので、離婚の時にはなるだけ揉めないように努力してきて、幸いにも前の妻との関係は今も非常によい。いつでも高知にいる子供たちに会いに来ていいようにしていたし、時には私が里帰りした時は一緒に過ごすこともあった。再婚のことも前の妻にはメールで伝えていたが、この日初対面の妻に対して彼女は中国式に「紅包《ホンバオ》」つまりご祝儀を手渡した。

　妻と前の妻が仲がいいのは間に立っている私としては非常に助かる。一緒に貸衣装を選びに行った。まだ10歳と7歳である、暴れ回って一向に衣装が決まらない。前の妻が上の子を捕まえては妻が押さえつけて着替えさせるような大騒ぎを30分ほど繰り広げた後、汗だくで私が会計に行った時、店員さんが何気に私にこう聞いた。

「ところでご結婚なさるのはどちら様ですか?」

私はついぷっと吹き出してしまった。

「いや、私とあちらの妻の方なんですが、そちらは子供の母親で……」

店員さんは目を白黒させていた。どこの世界に自分の結婚式の衣装を妻と前の妻とを連れて一緒に選びに来る男がいるものかと……。

いやそれだけではない。実はこの日は偶然私の父も一緒に来ていた。母と離婚してひとり香川県で暮らしていたが、やはり孫に会いたいのであろう、偶然にもこの日に高知に孫に会いに来ていたのだ。

その後全員揃って高知の実家で食事をした。小さな食卓が人で埋まる。この実家の主である母と、離婚した元夫である父。そして私とその元妻である女性とその二人の子供たち。そして今度私の妻になる女性……。

子供たちは自分の誕生日でもまずこれだけ勢揃いすることはないので大喜びだったが、父は別れた母と食事をするのはさすがに気まずそうであった。そんな父を見ていると、私もどうして別れた妻とこれから結婚する妻と一緒に食事をしているのか不思議な気分になってきてちょっと緊張した。

そんなこんなで私は再婚した。再婚したら北京で子供たちと一緒に暮らせるかと思ったが、やはりそれも母に大反対された。子供たちと一緒に暮らせる日はまだまだ遠いが、母が突然ひとりになるのも心配なので、取りあえずは私は妻とふたりで北京で暮らすことにした。

ところが、北京では当初は当時私が住んでいたマンションに住む予定だったのだが、中国に何の縁も興味もなかったこの日本人妻は、いざ北京に嫁いできたら中国人でさえ寄り付かないような貧民街で暮らす羽目になってしまうこととなる……。

≫唐朝《タンチャオ》のベーシスト「張炬《ジャン・ジュイー》」

その年の10年前1995年、中国ロック界に衝撃が走ったひとつの事件があった。中国ロックの大御所バンドのひとつである「唐朝《タンチャオ》」のベーシスト「張炬《ジャン・ジュイー》」が、5月11日の夜、バイクを運転していて交通事故に遭い、帰らぬ人となってしまったのだ。97年にはロック界の友人達によって「再見張炬《ザイジエンジャン・ジュイー》」というオムニバスアルバムが作られたが、あれから10年ということで、今度は彼に影響を受けた若手も入れてまたオムニバスアルバムを作ろうじゃないかということになった。これが翌年2006年の〝第六届百事音楽風雲榜頒奨盛典〟で、

2005内地（大陸）最優秀歌曲賞、最優秀ロック歌曲、最優秀ロックアルバム、最優秀歌詞の4部門の賞を獲得する名盤となる「礼物《リーウー》（贈り物）」である。

プロデューサーは黒豹《ヘイバオ》を脱退した欒树《ルアン・シュー》。「数曲若いバンドのプロデュースをしてくれないか」ということで呼ばれて私も参加した。


このアルバムがきっかけで私の北京の生活は激変することとなる。それはまさに若くして死んだ朋友《ポンヨウ》「張炬《ジャン・ジュィー》」からの「礼物《リーウー》（贈り物）」となった。

当時私は北京のスタジオミュージシャンとして「お金をもらって音楽をする」という世界にどっぷりと浸かっていた。東京に出て行ってアルバイトをしながら「お金を払って音楽をする」生活に比べたら何と幸せなことなのだろうということなのだが、中国ロックに魂を動かされてこんなところに移り住んでいながら、やっていることがそういうことなら別に日本で音楽の仕事をしていても同じことなのだ。

私の中ではこの仕事も単なる「プロデュースのお仕事」のひとつであったのだが、担当するバンドの中に「布衣《ブーイー》」というバンドがいて、彼らと出会ったことによって北京での生活が激変していくこととなる。

「音楽はお金をもらってやる仕事じゃない。お金を払ってでもやりたい自分の音楽ってのがあるだろ?・」

という生活に突入するきっかけとなったのだ。

「布衣《ブーイー》」は寧夏回族自治区からやって来た民謡ロックバンド。中国西北地方の民謡をベースにしたオリジナルをやっているバンドである。欒树《ルアン・シュー》は私に「当日スタジオで顔合わせしてヘッドアレンジでその日にレコーディングすればいいから」と言うが、私は「バンドなんだから、せめて一度ぐらい一緒にリハーサルしてからスタジオに入りたい」と進言した。昔爆風スランプのレコーディングで、レコード会社からそのような仕切りをされて反発していた自分がいたので、せめて自分は若いバンドにそんな思いはさせたくなかったのだ。

ボーカリストの老呉《ラオウー》の電話番号を教えてもらって電話をかけた。ところが彼はどちらかというと無愛想で決して能弁な方じゃない。電話口での受け答えがちょっとぶっきらぼうに聞こえて私はちょっと印象がよくなかった。

「いつもどこでリハーサルしているの？　そこに俺が行くよ」

と言うと、

「リハーサル？　バンドのリハーサルスタジオがあるからそこでやっているよ」

と答えるのでまたちょっとカチンとくる。若いアンダーグラウンドバンドを紹介されたらそれが実はお金持ちのボンボン達だったなんてあまり笑えない。

張炬

待ち合わせの場所に行ってまた電話をか

ける。
「迎えに行くよ」
とまた彼はぶっきらぼうに答える。
「お互い会ったことないからどうやって見つける？」
と聞くと、
「大丈夫だよ、俺は白いジープを運転して行くからすぐわかる」
と言うのでまたカチンときた。バンドのスタジオを持ってて白いジープを乗り回している
アマチュアバンドのロックなんて単なる金持ちの道楽ではないか……。
ところが私の前に現れたその白いジープを見て私はぷっと吹き出した。車体はボロボロ、
エンジンからは何やら煙が出てるし、動いているのが不思議なぐらいの超ポンコツだったの
だ。
オンボロの座席に座らされて彼らの住む「院子《ユエンズ》」に着いた。敷地の真ん中に中庭があっ
て、その周りを囲んで住居部分があるという中国独特の建物である。彼らはバンドでそこを
借りて一緒に住み、そしてその部屋のひとつをリハーサルルームにしていたのだ。
「いいなぁ……ここ……俺ここに引っ越してこようかな……」

貧民街に嫁いだ日本人妻

北京市外は京都の街のように基本的に碁盤の目のように道路が走っている。天安門を中心に二環路、三環路、四環路、とそれぞれ四角い環状道路が走っていて、東京の街でいうと環七、環八のようなものである。その昔、四環路を越すともうそこは北京ではないといわれていたが、今では開発が進み、五環路外にまで住宅地が立ち並んでいる。高級な別荘地や建売住宅はむしろ五環路外に多く、日本のサラリーマンの生涯年収でも買えないほどの高級住宅地に住んでいる大金持ちもいれば、その反面多くの貧困者達も家賃の高い市街中心部を避けてこの辺に住んでいたりする。

市街東北部、北京首都空港近くの五環路外にその村はあった。「費《フェイ》」という姓の人が多く住んでいたのだろう、「費家村《フェイジャーツン》」という名前の村である。

寧夏回族自治区で活動していたバンド「布衣《ブーイー》」が北京に出てきた時、なるだけ家賃が安くて、ライブハウスなど音楽活動をやるのにさほど遠くないということから、この村を選んでバンドメンバー全員でここに住み着いた。ライブハウスとか音楽関係の関連施設はほとんど朝陽区に点在していて、この費家村はその朝陽区に位置するのだ。空港に向かう高速道路からも近く、空港まで10㎞というシチュエイションも、度々日本と行き来せねばならない私にとっては魅力的だった。

布衣《プーイー》がここに住み着いてから、その後彼らを頼って北京に出てきたミュージシャン達もここに住み着き、さしずめ「ロック村」という感がある小さなミュージシャン共同体を作っている。防音などしなくても周りは全部ミュージシャンなのでいつでもリハーサルができるのだ。

初めてこの村を訪れた時「なんて素敵なところなんだ」と思って「ここに引っ越してくる」と宣言したのだが、誰もそれを信じなかった。


次の時には日本人の友人を連れて来たのだが、タクシーでこの村の方向に曲がってもらおうとしても「この先に何があるんだ?」と行って運転手がビビって曲がってくれない。人気《ひとけ》のないところに連れ込まれてタクシー強盗でもされないか不安なのだろう。

その日本人の友人とまず村のレストランで食事をした。この村は肉体労働者の吹き溜まりみたいになっていて、仕事にあぶれたのであろう入れ墨をした人達が昼間から安酒を煽っているのを見て、

「末吉さん、中国語で喋りましょう。日本語喋ってて外国人だとバレたらどんな目に遭うやらわかりませんよ」

とビビってそう言った。

他の中国人の友人も私に「そんなところは危険だよ」と言うのだが、若いバンドの連中が

こうして住んでいるのだから私にはそんなに危険なところには思えなかった。

その昔、外国人は中国人の住居に泊まってはいけなかった頃、栾树《ルアン・シュー》の家に泊まりに行っていた時に警察の手入れを受けたことがある。どんな手をつかったのか栾树《ルアン・シュー》は警察を丸め込んで事なきを得た。よくも悪くも中国の生活というのはこのようなものである。誰か中国人が私を守ってさえくれれば、どんなところでだって暮らしていけるはずである。

この夜私はここに住んでるバンドの連中を呼び集めてそのレストランで宴会をした。昼間日本人の友人がビビっていた肉体労働者風情の人達は、逆にこの入れ墨だらけのロッカー達にビビっているようだ。

「春節が近づいてくると食い詰めた出稼ぎ労働者が盗みを働いて田舎に帰ったりするけど、この村に住んでるヤツらは貧乏なだけで別に悪いヤツらじゃない。本当に悪いヤツらはこんな貧乏な村に住まないよ。金持ちが住むところで悪いことやんないと商売にならないだろ。この村で貧乏人相手に悪いことやったって稼ぎにならないからな」

と言って笑う彼らのことが大好きになった。

私はその場で日本にいる妻に電話をした。いや、まだ結婚前なので「妻になる予定の人」というべきか。とりあえず普段のように「嫁」と呼ぶことにしよう。

「こんなところで住もうと思うんだけど」

彼女は別に私と知り合うまでは中国などに縁のない生活を送っていたし、一度北京に来た時には私の住んでいたマンションに泊まったので、結婚して北京に来たら漠然とこんなところに住むのだろうと思ってはいたのだが、私が喋る貧民街というのはとてもじゃないけどどんなところか想像ができない。

「あなたが住むところが私の住むところだから……」

何気に発したそのロマンチックなセリフが、1カ月後には彼女に大きなカルチャーショックを与えることとなる。

貧乏なロックバンドが住むその村の一角に、ロックミュージシャン達が何人か集まって私の院子《ユエンズ》（中庭のある中国北方独特の建築方式）の改装が始まった。

院子《ユエンズ》というと通常四合院という豪勢なお屋敷を想像するが、この貧民街では中庭を三方にコンクリートの箱が運んで残る一方に大きな門を取り付けただけの簡単なものである。この箱だけでは生活ができないので、まずコンクリートむき出しの壁をペンキで塗り、スタジオになる部分には卵パックを天井に貼付けて吸音材にし、ベッドと机とソファーを買ってきて人が暮らせるようにする。ついでに日本からロック好きの嫁を迎えるために、外側に面する壁をラスタカラー（レゲエという音楽を象徴する緑、赤、黄色の三色）に塗り上げた。

私を慕ってくれる若いミュージシャンが数人掛かりで手伝って1週間かかってやっと人が住めるようになり、ついに日本から嫁がやってきた。

私と妻が暮らした院子

その日はあまり雨の降らない北京には珍しく大雨で、5月というのに肌寒かった。村に住むロックミュージシャンは総出で彼女を迎えた。村のレストランで歓迎パーティーが始まる。嫁は中国語がわからないので私たちの会話には入っていけなかったが、このレストランの料理がすこぶる美味しく、後に「ここの料理が不味かったら私は泣いて帰っていたと思う」と語ることとなる。

院子《ユエンズ》には風呂はない。村の中に共同浴場があるのでそこに行けばよいと思っていたが、土砂降りなのでそれもあきらめて院子《ユエンズ》に帰った。

風呂よりも問題はトイレである。この村では水洗はまだ完備されてなく、トイレはその一角の汲み取り式共同トイレを使うしかないのだが、そのトイレには個室がなく、ただ穴がいくつか開いていてそれを跨いで用を足す。人が入ってきた場合はそのまま気にせず隣の穴を跨いで並んで用を足す。その衛生状態は絶悪で、電灯もなく真っ暗なそんなトイレで、こんな土砂降りだとどんなモノが床に流れているやらわからない。仕方がないので嫁は院子《ユエンズ》の中庭で傘をさして用を足した。幸い土砂降りなので雨が綺麗に流してくれる。

雨はますます強くなり、雷雨となり、雷が落ちたのか一帯は停電となった。彼女は雷が嫌いである。真っ暗な部屋の中、布団に潜り込んでがたがた震えている。暖房もなく凍えるぐらい寒くなったので、私たちは一緒に布団にくるまって抱き合って暖をとった。

二人の北京生活はこうしてスタートを切った。「なかなかロマンチックじゃないか」と思っていたのは私だけで、翌日になって嫁がキレた。

「何よ、この生活は!! 何もないじゃない!!」

私は若いロッカー達と一週間かかってやっと人が住めるようにしたのだから「何もない」とは思ってもいなかったのでびっくりした。

「何もないって……何がないの?」

私としては素朴な疑問として嫁に質問したのだが、嫁は逆ギレされたと思ってまた怒りに火がついた。

「まずトイレがないじゃない!!」

それは女性である嫁にとっては深刻である。私たちはキャンプ用品の移動式トイレを買いに行った。

「お風呂がないじゃない!!」

私たちは家具屋さんで浴槽を買ってきて、それにお湯を入れるために大きな湯沸かし器を買った。

「湯沸かし器買ったって停電するんじゃ使えないじゃない!!」

停電はスタジオを作るにも深刻な問題なので、私たちはガソリンで電気を起こす業務用発電機を買った。

そのぐらいになると北京の仲間内ではこの話は笑い話として伝わっていて、

「ファンキー、お前らマンションでも借りて生活した方がよっぽど安くついたぞ」

と笑った。


暑い時には40度を越すという北京は、寒い時にはマイナス15度を下回る。この辺では小さい部屋の場合は練炭を焚いて暖をとるのだが、一酸化炭素中毒の危険があるのと、うちの院子《ユエンズ》のように部屋がたくさんある場合は、石炭を焚いてお湯を沸かし、各部屋に張り巡らした放熱板によって暖をとる方式をとる。

当然ながら火が消えれば放熱板は冷たくなってしまうので常に石炭をくべ続けねばならない。布団の中で寒さに震えながら、どちらかが布団を抜け出して石炭をくべに行かねばな

貧民街のトイレ

らない。お互いにお互いの膀胱の辺りを押して、尿意が我慢できなくなったらついでに石炭をくべてきてもらうという「勝負」を夜な夜な繰り返して冬を越した。

ファンキースタジオ北京

音楽の中の重要な要素の中に「音色」というものがあり、それはそのプレイヤーにとって大切な「自己表現」である。

ところがドラマーにとってはこれは非常に難しい。自分のドラムの音はドラムセットに座った時の耳の位置で聞いているものであって、実際コンサートなどの時に客席ではどのように聞こえているかというのはドラマーにはわからないのだ。ギターやベースだったらケーブルを長くしたりワイヤレスシステムを使ったりして、実際自分が客席に行って自分の音を聞くことができるが、ドラムはその場所を離れたら叩くことができないし、人に叩いてもらったら音色が変わるので参考にならない。一生自分の音を生で客席で聞くことはできないのである。

一度、コンサートの音を作るエンジニアの方にこんな要求をしてみたことがある。

「私はドラムセットに座った耳の位置で一番いい音になるようにドラムを叩いている。だからあなたもその耳の位置にマイクを立ててそれだけで音を作ってくれないか」

エンジニアは渋々私の要求を聞いてくれたが、そのやり方ではとてもじゃないが「音作り」というのはできないと泣きが入った。

レコーディングの場合もそうである。それぞれの太鼓のすぐそばにあんなにたくさんマイクを立てて、エンジニアがその音をミキサーで混ぜてドラムの音を作るが、当然ながらその音は自分がいつも座って耳の位置で聞いているものとは全然違う。そもそもあんなにそれぞれの太鼓に近いところで太鼓の音を聞くことなんてありはしないのだ。

ファンキースタジオ北京

数多くのレコーディングを経験して、いつもジレンマにさいなまれてきた。レコーディングの音はそのエンジニアの音であって私の音ではないのだ。だったら自分の一番好きなドラムの音でいつもレコーディングをしよう!! ということで北京にレコーディングスタジオを作ることを決意した。

ラウドネスの二井原実、筋肉少女帯の橘高文彦、爆風スランプの和佐田達彦と結成したX.Y.Z.→A（エックスワイズィートゥーエー）のデビューアルバムのレコーディングの時に、アメリカのロサンゼルスにあるトータルアクセススタジオというところでウェイン・デイヴィスというエンジニアが録《と》ったドラムの音が一番好きだったので、私は彼を北京に招いてスタジオを作ってもらうことにした。

ウェイン・デイヴィスは私がプロデュースした零点《リンディエン》というバンドの工人体育場6万人コンサートのライブレコーディングのために一度北京に呼んだことがある。アメリカには私たち有色人種を蔑視する白人も少なくないが、彼とはもう十数年来の好朋友《ハオポンヨウ》（大親友）である。

「貴方のスタジオと全く同じ音がするスタジオにして下さい」

本当をいうとこれは厳密には無理なオーダーなのであるが、彼は少しでもそれに近づくように頑張ってくれた。録音機材選び、ミキサー選び、スピーカー選びなどは彼のスタジオと同じものを揃えたら破産してしまうので、なるだけ近いぐらいのものを揃えて、マイク選びとセッティングにはこだわった。あれだけの数のマイクの数を立てるドラムレコーディングは、そのマイクの種類とセッティングによって全然音が違うのだ。こうして世界的なエンジニアであるウェイン・デイヴィスプロデュースによる「ファンキースタジオ北京」が完成した。

貧民街にある防音もしていないスタジオ。ウィングのソロアルバムの楽曲から始まって、お隣に住む寧夏回族自治区のバンド布衣《ブーイー》のデビューアルバム等このスタジオから数々の名盤が生み出された。

極めつけは映画音楽である。友人の友人であるとある映画監督が音楽の予算まで撮影で使ってしまい、誰も音楽制作を引き受けてくれないと困っていたところ、回り回って私が助けてあげることになったのだ。自分のスタジオがあれば制作費の中からスタジオ代が現金で出ていかなくていいのでこういうこともやってあげられる。

ところがその映画「疯狂的石头《フォンクアンダシートウ》（クレイジーストーン）」は公開してすぐに大ヒットした。中国国内でのハリウッド映画タイタニックを上回る興行成績を記録したのだ。

このスタジオでは他にも数々の名盤が生まれ、今ではこの貧民街のスタジオに中国人エンジニアが常駐し、貧乏なバンドは格安でこの世界最高の音でレコーディングできるようになっている。

寧夏回族自治区出身のバンド「布衣《ブーイー》」

北京のこの貧民街に引っ越してきたのは、寧夏回族自治区出身のこの布衣《ブーイー》というバンドが住んでいたからである。

ボーカルの老呉《ラオウー》はファッションには無縁の見るからに野暮ったいキャラクターで、「農民（中国人はしばしばダサいことへの蔑称として使う）が歌っている」とファンから言われるほどである。そんなボーカルが、中国ロックの創始者「崔健《ツイ・ジエン》」を彷彿させるかすれ声で、中

寧夏回族自治区出身のバンド「布衣《ブーイー》」

国の雄大な大地を想像させるような西北民謡をベースにしたオリエンタルなオリジナルを歌うのだから私は一発で大好きになった。

　バンド名の通り、「布衣《ブーイー》の交わり（身分や貧富の差を問題としない布の衣を羽織っただけのような飾り気のない付き合い）」が始まった。

　この貧民街には彼が最初に引っ越してきて、それを頼っていろんなミュージシャンが集まってきてちょっとした「ロック村」を形成しているので、私は彼のことを「村長《ツンジャン》」と呼び始めた。水が出ない、石炭ストーブが壊れた、等、何か困ったことがあったら何でも村長《ツンジャン》を頼っていった。貧乏暮らしが長い彼はまたそれを魔法のように解決していくのだ。

　夜になると彼のところに集まってセッションが始まる。周りがミュージシャンばかりなので別に騒音を気にする必要はない。酒を飲みながら歌を歌ったり、時にはロック談義になったりもする。彼らが中学、高校の頃に初めて聞き始めた中国のロックは私と現在の老揺滚《ラオヤオグン》（ロックの大御所）達が一緒に作り上げたもの、つまり彼らにとっては私は「中国ロックの生き字引」である。私はひとしきり昔の思い出を語った後にこう言った。

「もし売れて黒豹《ヘイバオ》や零点《リンディエン》みたいになっちまったら、お前らもきっと奴らみたいに変わってしまうんだよ」

するとと老呉《ラオウー》はバンとテーブルを叩いてこう言い返した。

「よし、じゃあ賭けようぜ!! もし俺が本当に変わってしまったら10万元やるよ。もし売れてもまだあの白いジープを乗っていたら10万元くれよな」

そのジープはもう修理不能で廃車になったのでこの賭けの決着はまだついていないが、今では彼らはアンダーグラウンドでそこそこ成功したバンドになったけれども、うれしいことにまだ変わっていきそうな素振りはない。この賭けは私の負けで終わりそうだ、いやそうなることを期待する。

私は一度、老呉《ラオウー》の生活を心配してこんなことを言ったことがある。

「お前んとこのドラマーはいいよ、奥さんがフランス人で金持ちだし。ベーシストは今度アメリカ人に嫁ぐんだろ？ ギタリストはまあ弟がクラブＤＪで成功しているからいいけど、お前だけ何もないじゃん？ 生活どうするんだよ」

彼は笑ってこう答えた。

「俺には両親がいる!!」

これには笑ってしまった。30過ぎてこの男はまだ両親に仕送りをしてもらってるのだ。

「でもわかってるよ。いつかは両親だって俺を相手にしなくなる。友達だっていつかは俺を相手にしなくなるだろう。でも俺はひとりぼっちになったってロックをやっていくよ」

そう言って彼はギターを持って自分の作った売れないオリジナルを歌う。ビール瓶片手にそれを聞きながら、私は「これでいいんじゃないかな」と思う。日本ではずっと売れるために音楽をやってきた。でも売れる音楽だけがいい音楽じゃない。そうじゃない音楽だってあるのだ。

ロック村の夜はこうやって更けていく。この貧民街も土地開発でそのうちに潰される日がくるだろう。そしたら私たちはまたもっとへんぴなところに引っ越して、また同じような生活を送る。撲滅寸前の天然記念物の小動物が、住むところを追われてどんどんへき地に追いやられるように……。

》羊肉麺《ヤンローミエン》

私が北京の貧民街に引っ越してしばらくしてから、老呉《ラオウー》の奥さんが寧夏回族自治区から引っ越してきた。

貧乏で食うや食わずのアンダーグラウンドのロックバンド布衣《ブーイー》のボーカルであるこの男がまさか結婚しているとは夢にも思わなかったが、中国の風習では籍を入れることが結婚ではなく、ちゃんと生活できるようになって朋友達の前で結婚式を挙げることが結婚であり、現在の状況は中国では「籍は入れてるけど結婚はしていない」という状況らしい。

初対面の彼の奥さんの印象は、野暮ったい老呉《ラオウー》のイメージとは正反対で、都会的でおしゃれな美人だった。聞けばお互いが初恋の相手でそのまま結婚して今に至るのだが、老呉《ラオウー》がバンドで北京に出てきても生活できないので寧夏に置いてきたということらしい。彼らの曲にある「你是我的希望《ニーシーウォーダシーワン》（貴方は私の希望）」という曲は彼女のことを歌った曲であることはファンの間でも有名な話であるという。彼女は旅行会社に勤めてガイドなどの仕事をしていたが、何かのアレルギーで顔の皮膚が荒れてしまい、人前に出られなくなったので仕事をやめて北京に来たのだそうだ。

私はそんな彼女がこんな貧民街で暮らせるのか心配だった。引っ越してきてから数カ月経った頃、老呉《ラオウー》にこう聞いたことがある。

「彼女って寧夏にいる頃にはそこそこ稼いでたんでしょ？　いきなりこんなド貧乏な生活なんて耐えられるの？」

老呉《ラオウー》は笑ってこう答えた。

「最初は、あんたはなんて貧乏なの!!って怒ってたよ。でも俺はこう答えたんだ。俺たちの生活を見てみろ、どんな生活をしている？　朝起きたらお前と遊んで、昼飯食ったらお前と遊んで、時々バンドやってお前と遊んで、晩飯食ったらお前と遊んで寝る。こんな生活なんてよっぽど金持ちかよっぽど貧乏かしかできないよ」

　これで彼女は納得し、貧乏暮らしを今では満喫しているように見える。もう少し上の暮らしを求めて彼がバイトでも始めたらこの生活はいっぺんで失われてしまうのだ。

ファンキースタジオ北京でレコーディングされた布衣のデビューアルバム

　悠久の時間が流れるこの貧民街で、私と老呉《ラオウー》はのんびりと音楽活動を行っていた。

　私のやっている音楽活動は多岐に及ぶが、人には意外に思われるけれども実は作曲活動というのはあまり好きではない。書かなければならないから頑張って書いてるだけなのである。

　ところが不思議なもので、このようにのんびりとした音楽活動を行っていると「曲でも作ってみようかな」と思うのである。ある日「こんなストーリーの曲を作ってみたいんだけど」と老呉《ラオウー》と話していた曲が、夜中の2時頃に突然形となって頭の中で降りてきた。

　私はすぐさま隣の老呉《ラオウー》のドアを叩いて呼び出し、忘れないうちにとデモ録音をした。その曲が後に彼らの代表曲となる「羊肉麺《ヤンローミエン》」である。

彼らのファーストアルバムのレコーディングが始まった。プロデュースを頼まれた私はこの曲をアルバムに入れるよう進言したが、ギタリストの张威《ジャン・ウェイ》はそれを嫌がった。結成してから人の曲などやったことがない、自分達の曲じゃない曲をどうしてアルバムに入れなければならないのかという気持ちなのだろう。老呉《ラオウー》も本当はその辺は同じ気持ちだったかも知れない。この不器用な男は人の曲など歌ったことがないのだ。自分達の曲といったって使われるコードはひとつかふたつしかない曲ばかりである、私の作った曲などコードが多過ぎて難しくて弾けやしない、めんどくさい!! ということだろう。

だが老呉《ラオウー》は私の言うことを盲信した。毎日毎日この曲を練習する彼の歌声が聞こえてきた。

初めてこの曲を演奏するライブの時、私はこう言って张威《ジャン・ウェイ》を説得した。

「俺は作曲ってのは得意な方じゃないんだけど、数年に一回偶然いい曲ができる時がある。日本ではそんな数曲は大ヒットして今でも印税が入ってくる。だからわかるんだ、この曲はその数年に一回の曲だよ。今回ばかりは俺を信用しろ!!」

ライブでの反応は上々だった。张威はしぶしぶこの曲をアルバムに収録した。曲順は彼が考えたので4曲目というあまりいい位置には置かれていないが、中国では音楽ビジネスはもう既にアルバムではなくネットからのダウンロードに移行していたので問題はない。そして、羊肉麺《ヤンローミエン》と共にその中に収録されたもう一曲の私の曲が、後に日本円で15億円をダウンロードで稼ぎ出す大ヒット曲になってしまうのだ。

3億円のビールの味

布衣《プーイー》のファーストアルバムのレコーディングと平行して、映画「疯狂的石头《フォンクアンダシートウ》（クレイジーストーン）」の音楽制作をやっていた。

予算がないのでミュージシャンは知り合いを集めてきてタダ同然でやってもらう。挿入歌のひとつを歌う人間を探していたら、ちょうど隣でリハーサルをしていた布衣《プーイー》のドラマー武鋭《ウー・ルイ》が手を挙げた。誰でもいい、タダ同然で歌ってくれる人間がいればそれでよかったので喜んで彼に歌ってもらった。

しかしいざ映画が公開されたらその映画がタイタニックの動員を上回る大ヒットとなってしまった。私の周りは騒然である。

エンディングテーマは、この映画が重慶が舞台となった映画なので、重慶の言葉でラップを歌う友人の曲を使っていたのだが、彼が電話をかけてきて、

「ファンキーさん、急遽あの曲を発売することにしました。権利関係とか問題はあるでしょうか」

と言う。

問題があるに決まっている。契約書こそ交わしていないが、通常すべての楽曲の権利は映画制作会社が持つということになっているのだ。

「俺に対しては別に問題ないけど……」

と答えると、

「よかったぁ。じゃあ発売します」

と言うので事情を説明した。

「ヘタしたらお前が映画制作会社から訴えられるぞ」

寧夏回族自治区出身のバンド「布衣《ブーイー》」

と釘を刺しておくのだが、

「ファンキーさんに問題なければそれでいいんです。そんな大きな会社に訴えられたら逆にそれは大きな宣伝になるからいいんです」

と言う。

中国らしい。大会社相手に切った貼ったをするのは中国では英雄だが、朋友《ポンヨウ》を裏切ったり迷惑をかけたりする人間はこの国では生きていけないのだ。

数日後、映画会社が大慌てでやってきて契約書にサインしてくれと言う。映画会社もまさかこんなに大ヒットするとは夢にも思っていなかったのだ。ちょうど私は留守だったので妻が代わりにサインした。そもそもが外国人と契約書を交わす時に、その国の母国語の契約書を揃えていないだけでも契約的に問題が残るはずなのに、本人じゃない人間がサインした契約書が有効なのかどうかわからないが、どうせこの国の揉め事などこんな紙切れで割り切れるような簡単なものじゃないのだ。

私は逆手に取って布衣《ブーイー》のメンバー達に武鋭《ウー・ルイ》が歌ったこの挿入歌をアルバムに収録するよう薦めた。

「そんなことして訴えられたりしないんですか?」

今度は彼らの方が心配してそう聞いてくるが、私は胸を張ってこう答えた。

「訴えられたらいい宣伝になるから得だろ?」

これが「中国」なのである。

結局誰からも訴訟されないままエンディングテーマを歌ったラッパーはスターになり、布《ブー》衣《イー》はこの挿入歌で寧夏回族自治区の紅白歌合戦のようなものである春節晩会に出場した。映画会社も映画がヒットして儲かったし、みんながそれぞれ得をした。

私もそれから映画音楽の仕事が山ほど来て忙しくしていたが、最近になって老呉《ラオウー》が面白いことを教えてくれた。

「あの曲はねぇ、誰かが携帯サイトに勝手にアップして1億元(約15億円)稼いで逃げたらしいです」

アップしたのは映画の中のバージョンではなく布衣《ブーイー》のアルバムの音源、もちろん作曲者の私にも作詞者の老呉《ラオウー》にも何の許諾もないどころか一銭の分配もない。

「それってもし正規に分配されたら俺たちは一体いくらぐらいもらえていたの？」

老呉《ラオウー》はしばらく考えてこう答えた。

「まあひとり2千万元（約3億円）はカタいな」

私はぷっと吹き出した。映画会社がちゃんとした契約もせず、彼らが勝手にアルバムに収録した楽曲が、また別の誰かが勝手に着メロとしてアップして15億円稼ぐ。これが中国である。権利ビジネスで生きている日本の音楽業界の人には到底わかるまい。これで中国は回っている。それでもみんながちょっとずつ得をして、もっと得しようと思ったらすぐに潰されるのだ。

「ま、しゃーないな。飲もか!!」

老呉《ラオウー》と乾杯したビールは心なしか3億円の味がした。

父の死

内モンゴルで開かれた草原ロックフェスティバルに出演していた時にその電話がかかって

きた。

「再入院されたお父さんですけど、ちょっと容態が芳しくないので帰ってこられませんか?」

両親が離婚して母に引き取られた私は父親とは疎遠だった。小さい頃から母が言う父の悪口ばかり聞いて育ったのでさもありなんだが、私は小さい時に姉を亡くして兄弟がいないので、離婚後も再婚しなかった父にとって私はたったひとりの子供である。一カ月ほど前、父が入院すると言うので保証書や誓約書など手続きをしに行った。

病名は癌、一応手術で無事摘出したが、その後転移が見つかり再入院していたところであった。医者が言うにはもう治る見込みはないそうである。


私が一番親しくしていた親戚は高知の城西館の向かいにあるバーバー山下であるが、そこは母方の親戚で、父方の親戚は香川県にある末吉家と高知の新屋敷にある公文家しか知らなかったが、その他にも腹違いの兄弟がいるという話は聞いたことがあるので、取りあえず父の電話帳を見て片っ端から連絡した。

帯屋町にも親戚がいると言うのでそこには直接訪ねて行った。ドアをノックすると「おう、覚くんかね、どうしたがよね」と迎え入れてくれた。しかし向こうは私をテレビなどで見て知っているが、私の記憶ではおそらく初対面である。

「あのう、親戚だと伺ったのですが父とはどのような親戚に当たるんですか?」

から会話が始まる。

そんなことを繰り返しながら、父には母親が違う弟が高知に2人、父親が違う兄が1人、そして私が知っている香川県と高知の親戚が両親を同じくする兄弟だということがわかった。さらにそのルーツを探る旅でわかったことは、父だけがそのすべての親戚のところに足跡があったということであった。親戚間でいろんなトラブルがあったらしいことは聞いていたので、私は葬式の時にはすべての親戚を呼び集めた。それが父にとって一番の餞《はなむけ》になると思ったからだ。

父の葬式の喪主は私である。30年間疎遠だったといっても私が父のたった一人の子供であるということは紛れもない事実なのだからそれは別によい。だが墓や仏壇といったよくわからない風習には悩まされた。父が「末吉家の本家」なんだからそれを「継げ」と言われても困ってしまう。母が離婚によって私の姓を変えるのは忍びないということでたまたま「末吉」姓を名乗っているだけで、本来だったら宇佐にそのルーツがある「柏木」姓になっているものである。母は私を連れて「末吉家」を出て行ったのだから、父親が死んだらまさかその「柏木」姓の子供は「末吉」姓に戻さねばならないなんてことはあるはずがない……。

その問題をややこしくしたのがまた爆風スランプの名声である。父は爆風スランプが高松でコンサートなどをする時には宣伝カーを雇って街宣したり、自分が私の父親であることを過剰にアピールするがゆえに母の存在など吹っ飛んでしまったのである。

「墓」の相続でも問題が起きた。父には香川県に両親を同じくする弟がいるが、「次男は家の墓に入れない」などというわけのわからない「風習」によって、もう別の立派な墓をたててしまっているのだ。もう実家のない香川県に墓があっても大変なのだが、それよりも現実的に大変なのが「仏壇」である。私にはその仏壇を置いておく「家」が日本にないのである。位牌などなら北京に持って帰ってもいいのだが、今度は私が死んだらそのすべての風習は誰が継ぐのか？　日中両国の血を引く私の子供たちには日本に縛られずに世界のどこの土地ででも才能を発揮して暮らしてもらいたいと思っているが、そこには延々とこの「仏壇」と「墓」というものがついて回るのだろうか……。

ここですべての問題を一刀両断したのが母であった。仏壇は今、大川筋の実家にある。母は死んだ私の姉の遺影と共に、あれだけ嫌いで仕方のなかった男の遺影を並べて毎日拝んでいる。

墓は……くれると言うなら私が遠慮なく頂くことにした。その代わり、私は母が死んだらこの墓にと考えている。

もちろんまた親戚一同はあーだこーだ言うだろう。私は住職さんに相談した。

「仏教の教えではそもそも次男が入れないというものもありません。お墓というものはどなたでも入ることができます」

生前、ひとりで仲の悪かった親戚を全部回っていた父、孫に会いに高知に来てそのままバツが悪そうに母と食事をしていた父、そんな父もそれを望んでいるんじゃないかなと思う。

ひとりドラム

２００８年から、日本のドラムメーカー「パール楽器」の宣伝活動のため中国各地を回っている。

パール楽器は日本の三大ドラムメーカー、ＹＡＭＡＨＡ、ＴＡＭＡと共に世界的に有名なドラムである。私が長年パールドラムのモニターをさせてもらっているのは実はちょっとした「縁」があった。

中学を卒業する時に親からプレゼントとして買ってもらったのはＹＡＭＡＨＡのドラムセットだった。後に髪の毛を伸ばして「ロック」などやり出し、挙げ句の果てには大学を勝手に中退して家出してしまうのだから、後に親はこのことを大きく後悔することになるのだが、私にとっては原体験がＹＡＭＡＨＡだったのだから「ドラム」といえば「ＹＡＭＡＨＡ」だった。

家出して東京でバンドを始めたが、元々が「もてたい」ためにドラムを始めたわけでもなく、「金を稼ぐ」ためにバンドを始めたわけではない。最初に聞いた「ロック」の衝撃、あのスピーカーの向こうの「神」のようになりたいというのが初期衝動なのだから、東京で最初に組んだバンド「爆風銃《バップガン》」というバンドはやはりそんなに売れ線のバンドではなかった。

しかし実力のほどは、今その音源などを聞き返しても相当なものだと思えるし、「スーパースランプ」というバンドと合体して「爆風スランプ」になったということもあって、マニアの間では少々神格化されているバンドではある。

当時の生活は毎日バイトをやってバンドを維持するお金、リハーサル代やライブ経費などを支払っているだけの生活で、メンバーはあまりの貧乏さに「早く売れたい」と思っていたかも知れないが、ライブの手応えなどで「これは世界一のバンドだ」という実感があった私はやはりそうは思えなかった。

そんな私を変えたのが当時付き合っていた彼女、同じバンドのキーボード奏者だったのだが、それが私を振って「プロバンドのベーシスト」と付き合い始めたからである。元「ダウン・タウン・ブギウギ・バンド」のメンバーが組んだバンドということで、レコードデビューも決まっているという。

爆風銃はちょっとした小さなコンテストに出ることになっていたのだが、そのバンドも出場するという話を聞いて私は小躍りした。同じステージに立ったら実力のほどは雲泥の差であると自負している。コテンパンに叩きのめして振られた腹いせをしようという小さな了見である。

しかしそのバンドは結局出場しなかった。「俺たちはプロのバンドだ。アマチュアに混じってコンテストなど出てられるか」ということらしい。

私の心に火がついた。

「プロがなんぼのもんじゃい!! 向こうがこっちの土俵で勝負しないならこっちが向こうの土俵に行ってやる!!」

今思えば私を振ってくれた彼女には大感謝である。あれがなかったら今の私はないだろう……。私はそれから「プロ」となるためには何が必要かをいろいろ考えて、とりあえず必要なものは「ドラムセット」だという結論に至った。家出してから初めて母に手紙を書いた。

「どうしてもドラムセットが必要だ、買ってくれ」と……。


母はドラムセットの問題より何よりも我が子の生活が見たいということで、初めて東京の私のアパートを訪ねてきた。

東京に出てきてずっと友人宅を転々とし、追い出されたら早稲田の軽音楽クラブに行って新しい友達を作る。とにかく友達を作らなければその日の宿がないのだから、飲んで酔わせて「今日はお前んとこ泊まろうかな」と持っていく。

そんな中で最初に借りたアパートは高田馬場にある日の当たらない5.5畳の台形の部屋。早稲田大学から近いということでそんな早稲田の「友達」が毎日毎日泊まりにきていた。終電に乗り遅れた学生はみんなうちに泊まりにくるのでいつも部屋に鍵はかけていなかった。

そして母が初めて私を「訪ねて」上京してくる（以前は家出した私を「探しに」上京して

来ていたので）。奇しくもその日は爆風銃が参加する小さなコンテストの日だった。今考えれば母は音楽などわかりはしないのに、私は自分のバンドの音さえ聞かせれば母はすべてを納得するだろうと考えて、そのコンテストに母を招待した。

結果、爆風銃はそのコンテストでグランプリを取った。今から考えれば小さな小さなコンテストでそれでレコードデビューとかがあるわけでも何でもないのだが、賞金に10万円という当時にしては大金をくれたので、「お世話になった人に奢ろう」ということになって大宴会が開かれた。賞金を使い果たして母を連れてアパートに帰ると、そこには相変わらず何人かの早稲田の学生がたむろしていて、当然ながら母が寝るスペースなどない。近所にホテルを取ってそのまま母は四国に帰って行った。

しばらくして母から手紙がきた。

「どんな生活をしているのか心配で心配で仕方がなかったけど、あなたがあんなにたくさんの友達に囲まれて暮らしているのを見て安心しました」

そしてドラムセットを買うお金が送られてきた。もちろん買ったのはYAMAHA。原体験なのだから私にそれ以外の選択肢はなかったのである。

それから「爆風銃」は「爆風スランプ」になり、かといってレコードデビューの話があるわけでもなく、相変わらずバイトをしながらバンドをやる生活が続く。

そんな中で飛び込んできた仕事が「クリスタルキング」のサポートドラマーとしての仕事

だった。クリスタルキングは財団法人ヤマハ音楽振興会所属のバンドなのでこれは念願の「モニター」になれるチャンスだと私は喜んだ。ドラマーに取っての大きな夢はＹＡＭＡＨＡのような有名メーカーのカタログに「モニター」として名前が載ることである。

しかしＹＡＭＡＨＡにはぴしゃっと断られた。仕方がない、私は無名のアマチュアバンドのドラマーでたかだか自社所属のバンドのサポートをやっているだけの存在なのである。

仕方がないので別のメーカーを当たってみる。ちょうど爆風スランプのツアーで名古屋に行ったので、名古屋に本社がある TAMA に電話をしたらけんもほろろに断られた。

「あんたねぇ、ドラマーをひとりモニターにするのにどれだけの経費がかかるのかわかってるんですか!!」

日本三大ドラムメーカーのふたつに断られた私は、諦め半分で千葉にあるパール楽器本社に出向いて行った。

しかしパールの当時の担当者はクリスタルキングの名前でなく、当時アマチュアだった爆風スランプの将来性を見て私をモニターにしてくれた。

その後その担当者の先見の明の通り、爆風スランプはブレイクし、パッパラー河合がＹＡＭＡＨＡのモニターであることからＹＡＭＡＨＡの担当者にこう言われた。

「末吉くんもぼちぼちＹＡＭＡＨＡに乗り換えたらどう？　待遇よくするよ」

私はテーブルを叩いて激怒した!!　担当者は違うにせよ、あんたの会社はあの時の俺を相手にもしなかったではないか!!　誰も相手にしてくれなかった私を拾ってくれたのはパール楽器だ。俺は一生パール楽器と共に生きる!!

前置きがとても長くなってしまった。そんなこともあってパールのモニターを30年近くやらせてもらっている。

「モニター」とはその名のごとく「製品をモニターとして使って意見をフィードバックする」という役割もあるが、大きな役割としては「ドラムセットを提供しますので我が社の宣伝に協力して下さい」というものである。売れている頃はいいが、私の名声でドラムセットを購入する人数が増えることもなくなった現在でも、パール楽器は30年近くずっと私のスティックやドラムヘッド、必要な場合には新しいドラムセットの提供など、今でも変わらず私のサポートをしてくれている。それに対して何か恩返しができることがないかと常々思っていたのだが、自分がこうして中国で有名になっているということから、何か中国でパール楽器の宣伝のお手伝いができないかと持ちかけてみたところからこの活動が始まる。

パール楽器の中国代理店は「中音（セントラルミュージック）」という会社で、代理店から帳簿の数字しか報告されないパール本社は、実際のところ自分のところのドラムセットがこの国でどのように宣伝されてどのように流通されているかは全くわかっていなかった。

この仕事を請け負ってから初めてわかったことだが、代理店のひとりのロック好きの担当者「沙泳江《シャー・ヨンジャン》」という人間が自分の「人間関係」だけでドラムを売りさばいていたのだ。

「有名ドラマーをモニターにしたって誰かドラムセットを買う？　ドラム教室を全国に作ってその先生をモニターにするんだよ。先生がパールのドラムを使っていたら生徒も必ずパールを使う!!」という考えで、今では全国に「珍珠倶楽部（パールクラブ）」というドラム教室を100以上の都市で展開させている。

　ところがやはりここは「中国」なのでいろんな問題が出てくる。台湾のMAPEXやその他いろんなメーカーが、

「あなたんところはまだパールなんですか？　卸値でドラムを買ってる？　ヒドい話ですねぇ。うちだったら全部無償で提供しますよ。全部うちのドラムにすればどうですか？」

　外国メーカーの代理店は宣伝戦略のための必要経費も代理店が負担せねばならず、最高の待遇でも卸値でモニターになってもらうしかないのを逆手にとって、沙泳江《シャー・ヨンジャン》の作ったこの珍珠倶楽部《パールクラブ》システムごと乗っ取りにかかってくるのだ。

そこで一番キーポイントとなるのが「人間関係」。彼ら珍珠倶楽部《パールクラブ》のオーナー達ロック世代の人間ならみんな尊敬している「中国ロックの兄」であるファンキー末吉が自分の倶楽部にやってくる、酒を飲む、語る、朋友《ポンヨウ》になる……。

パール楽器という会社を裏切ることはできても、こうして朋友になったファンキーを裏切るわけにはいかない……ということで「人間関係」がより強固になるということなのだ。

しかしこの仕事は予想を上回る面白さだった。とあるドラム教室の発表会、オープニングは子供たちが50台のドラムセットを叩いて「メタリカ」の合同演奏。メタリカとはアメリカ最大のロックバンドで、ロックが精神汚染音楽だった時代にはまさか中国では聞くことも不可能だった音楽である。それを50人の子供たちがロックファッションに身を包んで叩く……。これはきっと教える先生方がメタリカのファンなのだ。そしてそれを教材として使い、子供たちは「いいじゃん」とばかりそれを叩く……。

その反面そのドラム教室にはこんなポスターが貼られている。

「永遠に共産党と共に歩みます」

このギャップが「中国」であり、どちらもが並行して行われているのが「中国」なのである。

この国では「ロック」をやってはいけなかった時代があった。コンサートで立ち上がったら逮捕される時代があった。外国人が許可なくステージに上がったらどんな目に遭うやらわからない時代があった。中止命令を聞かずに届け出を出した曲を演奏したらスタッフがぼこぼこに暴行され、銃を持った人たちに別室に軟禁される時代があった。

今ではもう自由にロックをやることができる。そしてこの子供たちが大きくなった時、「ロック？ 懐かしいなぁ……小さい頃ドラム教室でやっていたなぁ……」という時代がくるのだろう……。

この活動も既に50本を超え、およそ日本人が行かないような地方都市にも行った。現地の人たちと飲み、ある人は「もう帰るのか？ もっとここで遊んで行ってくれよ」と別れを惜しんで泣いた。

その人はある日、振込詐欺から電話がかかってきて「俺だよ俺」で「ファンキーか？」と答えたがために「金に困っている」というその詐欺にあわや大金を振り込むところだったと聞いた。

そんな「朋友《ポンヨウ》」がこの中国にたくさんできた。本当に私が金に困った時には貸してくれるだろうし、「老後はここに来いよ、面倒みてやるから」の言葉通り、本当に老後の面倒をみてくれる人が全国にいる。

「老後かぁ……」

ある時、担当の沙泳江《シャー・ヨンジャン》と飲んだ時に私はこんなことをつぶやいた。

「この活動……ずーっとやりたいなぁ……60歳になって、70歳になってもこれやっていたら凄いよなぁ……もう身体もボロボロになったら息子か娘に車椅子押してもらってさぁ……」

それを聞いていた沙泳江《シャー・ヨンジャン》がグラスを挙げてこう言った。

「よし、その夢俺が叶えてやろう!! 俺はお前が死ぬまでこれをブッキングし続けてやるからな!!」

いつもは喉に苦い白酒がすんなりと喉に落ちていった……。

≫黒豹《ヘイバオ》のその後

黒豹《ヘイバオ》は中国ロックの歴史上最もアルバムを売ったバンドである。

私が1990年に偶然見た彼らの地下クラブでのライブは結成してまだ間もない頃であったようだ。その後91年に香港台湾でファーストアルバムが発売され、リーディングソング「Don't Break My Heart」が香港の音楽ランキングで、3週ほど1位に輝き、〝大陸で最も優秀なロックバンド〟と称される。このアルバムは92年には大陸でも発売されたが、正規板が150万枚に対して海賊版の売り上げはその数倍だといわれている。

当時テレビなどではロックを放送してはいけなかったため、インターネットがないこの頃には彼らの映像を目にするチャンスはほとんどなく、それゆえに「ニセ黒豹《ヘイバオ》」なるバンドが表れ、コピーした彼らの楽曲を演奏して黒豹《ヘイバオ》の名前を騙って体育館クラスの会場で勝手に演奏していた。客が「何か変だ」ということで発覚し、本人の耳に入っただけで2件、実際にはかなりの数の「ニセ黒豹《ヘイバオ》」がいたことだろう。

その後ボーカルの窦唯《ドウ・ウェイ》が脱退し、キーボードの栾树《ルアン・シュー》、そして3代目ボーカルの秦勇《チン・ヨン》の頃には全中国を数多くのツアーで回っていた。

その頃から、マネージャーはドラマーの赵明义《ジャオ・ミンイー》が務めていた。彼は自称「ドラマーの中では一番商売が上手い、商売人の中では一番ドラムが上手い」と公言してはばからず、老舗のジャズクラブ「CD CAFE」を買収したり、多い時には夜総会を5軒以上経営したりしていた。

２００５年当時では、彼はコンサートブッキング会社の仕事も兼務していて、その会社は活動を再開したＢＥＹＯＮＤの中国大陸ツアーもブッキングしていたので、その縁で黒豹《ヘイバオ》とＢＥＹＯＮＤという私のとってゆかりの深いふたつのバンドのジョイントコンサートが実現した。

「ファンキーさん、5月27日空いてますか？　その時にびっくりするような大ニュースを発表するんです。空いていたらぜひ来て下さい」

とお誘いが来たので、私は喜び勇んで北京首都体育館に出かけて行った。

中国ロックの歴史上一番セールスをあげた黒豹のデビューアルバム

BEYONDのこの一連のツアーは香港でも見ていたので、それよりも久しぶりの黒豹《ヘイバオ》のステージが楽しみだったのだが、いざ彼らのステージが始まったらびっくりした。ボーカリストが全然違う人間に変わっていたのだ。

この頃の黒豹《ヘイバオ》は全国をツアーで回る商業的に一番花開いた時期なのだが、順風満帆に見えた黒豹《ヘイバオ》がどうして突然ボーカリストを変わったのかが私にはとても不思議だった。

新しいボーカリストは酒場でカバー曲などを歌っていた人間で、この日のステージでも精彩を欠いていたが、その後リサーチしてみるとロック仲間の中でも評判はおしなべてよくなかった。

秦勇《チン・ヨン》が自分の音楽のために独立したというのだったらわかるのだが、後に本人と会った時にさりげなく聞いてみると、どうやら黒豹《ヘイバオ》からクビにされたらしい。

「あいつはなぁ、歌にフィーリングがないんだよ。だからクビにしたんだ」

後に赵明义《ジャオ・ミンイー》と飲んだ時にそう言っていたのだが、私にはどうも腑に落ちなかった。商業主義の権化として過去のヒット曲を歌って金を稼ぎまくっていた黒豹《ヘイバオ》が、別にその程度のことでボーカルを変える必要はない。むしろ変えてよくなったというよりも悪くなっている。

しばらくして業界の人間と飲んだ時にやっと真相が明らかになった。この話は中国ロック史の中で一番笑えるエピソードである。

天才的なボーカリストである窦唯《ドウ・ウェイ》を失った黒豹《ヘイバオ》は、誰の目から見ても失速していた。中国は広いので、まだまだ過去の遺産を食いつぶしながら全中国を営業して金を稼げるが、大都市を回れなくなったら中都市、そして小都市でも回れなくなった時点で終わってしまう。マネージャーの赵明义《ジャオ・ミンイー》はそれが手に取るようにわかっていたのだろう。

ではどうする？　窦唯《ドウ・ウェイ》を超えるボーカリストなどこの中国に存在するわけがない。だったら窦唯《ドウ・ウェイ》を黒豹《ヘイバオ》に復帰させようではないか……。

誰しもが「そんなことは無理だ」と思う。しかし赵明义《ジャオ・ミンイー》は頑張った。窦唯《ドウ・ウェイ》を何とか説得し、ついに復帰を約束させた。

そうなると邪魔なのは現ボーカリストの秦勇《チン・ヨン》である。まず彼をクビにする。そして窦唯《ドウ・ウェイ》復帰を発表するのに一番相応しいステージとして、このＢＥＹＯＮＤとのジョイントコンサートをブッキングした。

ところが窦唯《ドウ・ウェイ》を迎えての最初のリハーサルの時に大きな問題が起こったのだ。

中国ロックの中で最高だと思うボーカリストを数人挙げよと言われると、窦唯《ドウ・ウェイ》の名は必ず挙がるだろう。彼がボーカルだった頃の黒豹《ヘイバオ》のデビューアルバムは、中国ロックの歴史の中で最も売れたアルバムとなり、今だにそれを超える記録は生まれていない。彼が歌った「Don't Break My Heart」や「无地自容《ウーディーズーロン》」などは中国ロックのスタンダードナンバーとなり、カラオケなどでは現在でも定番曲のひとつである。

黒豹《ヘイバオ》脱退以降組んだバンド「做梦《ズオモン》」の評価は高かったが、1年ほどで解散してしまいソロとなる。ソロアルバムも評価が高かったが、アジア最大の歌姫であり、黒豹《ヘイバオ》脱退の直接的な原因になったフェイ・ウォンとの結婚、そして離婚の頃からちょっとおかしくなってくる。

彼は基本的にすべての楽器を演奏できるのだが、ドラムを叩くのが好きで「不一定《ブーイーディン》」というバンドを組んで、そこではドラムを叩くようになる。「不一定《ブーイーディン》」とは「そうとは限らない」という意味で、これはすなわち「俺が必ずしも歌うと思うなよ、そうとは限らないからな」という意味でもある。

私が零点《リンディエン》のプロデュースをしている頃、メンバーのひとりが窦唯《ドウ・ウェイ》の大ファンで、発売されたばかりの彼のアルバムを買ってきて一緒に聞いたことがある。CDは2枚組で、最初のCDは環境音楽のような楽曲ばかりが収録されていて、結局彼の歌声は入っていなかった。もう一枚は歌モノなのだろうと思ったら、やはり同じような音楽で彼の歌声は入っていなかった。そんなCDでも窦唯《ドウ・ウェイ》の名前があれば売れるのだろう。彼は自宅でそんな音楽を作ってはレコード会社はどんどんそれを発売した。

一度草原音楽祭というロックイベントで窦唯《ドウ・ウェイ》と一緒になったが、その時にもこんな感じのCDを流して、本人はお経のように何かを唱えてるだけのステージだった。客は彼の歌う黒豹《ヘイバオ》のヒット曲を聞きたいのだ。その日は雨も降り出して客席も凍えるような寒さで、業を煮やした客が「窦唯《ドウ・ウェイ》、唱歌吧《チャンガーバ》!!（ドウ・ウェイ、歌ってよ）」と叫んだが、「唱不唱不一定《チャンブチャンブーイーディン》（歌うとは限らない）」とつぶやいたまま最後まで歌わなかった。

一方黒豹《ヘイバオ》は第3期ボーカリストの秦勇《チン・ヨン》で、全中国を最もツアーしていた時代であるが、しかしマネージャーでもあるドラマーの赵明义《ジャオ・ミンイー》は黒豹《ヘイバオ》に失速感が拭い切れなかったのだろう。秦勇《チン・ヨン》をクビにして窦唯《ドウ・ウェイ》に黒豹《ヘイバオ》に復帰してもらうという計画が実現し、最初のリハーサルの時、

「じゃあ久しぶりに昔の曲でも練習してみましょうか」

メンバーがそう言ったところに大きな問題が起きた。窦唯《ドウ・ウェイ》がそれを頭から拒絶したのだ。

「昔の曲なんか歌わないよ」

これにはさすがにメンバーは驚いた。

「俺はドラムを叩くよ。即興音楽をやろう」

窦唯《ドウ・ウェイ》はさらにこう言ってくる。

「何歌ったってドラム叩いたって構わない。せめて半分は昔の曲を歌ってくれよ」

黒豹《ヘイバオ》は窦唯《ドウ・ウェイ》時代のヒット曲を歌って金を稼いでいる。窦唯《ドウ・ウェイ》が復帰してもそのヒット曲を歌わなければ商売にならないのだ。

「歌わないよ。昔の歌なんか歌ってたまるか」

これで窦唯《ドウ・ウェイ》復帰の話は吹っ飛んだ。急いで別のボーカリストを探してきてこのBEYONDとのジョイントコンサートに間に合わせて、そこで発表する予定だった「窦唯《ドウ・ウェイ》復帰!!」というニュースを「ボーカリスト交代」と差し替えたということだ。

その後赵明义《ジャオ・ミンイー》と飲んだ時、本気か冗談かこんなことを言っていた。

「もうぼちぼち後輩に道を譲ろうと思ってるんです。若いドラマーを全中国からオーディションして、そいつに叩かせて俺はもう黒豹《ヘイバオ》の株の配当でももらって引退しますよ」

それもいいな、と私は思った。

黒豹《ヘイバオ》は今では新しい若いボーカリストに変わって「新生黒豹《ヘイバオ》」をプロモーションしている。その時メンバーは次のようにコメントしていた。

「黒豹《ヘイバオ》が老いたって？　何も問題ない!!　若い血を入れてそのブランドだけは残る。黒豹《ヘイバオ》は永遠さ!!」

そのうちオリジナルメンバーが全員いなくなって、メンバー全員が若い黒豹《ヘイバオ》から配当をもらって生活する時代がくるかも知れない。商業主義に進むならそこまでやればそれはそれでかっこいいと思うぞ。

≫赤い靴

その母娘と知り合ったのは私が中国に居を移してすぐぐらいだっただろうか……友人を介して紹介された。

娘は若い歌手、名を「モンモン」といい、母は通称「モンモンママ」と呼ばれていた。父はいない。どうも早くに離婚して母娘ふたりで長く暮らしているようだ。娘は台湾の人気歌手「李玟《ココ・リー》」にルックスが似ていることから、「小李玟《シアオリーウウェン》（小さなココ・リー）」としてその歌手のヒット曲とかを歌って生活していた。

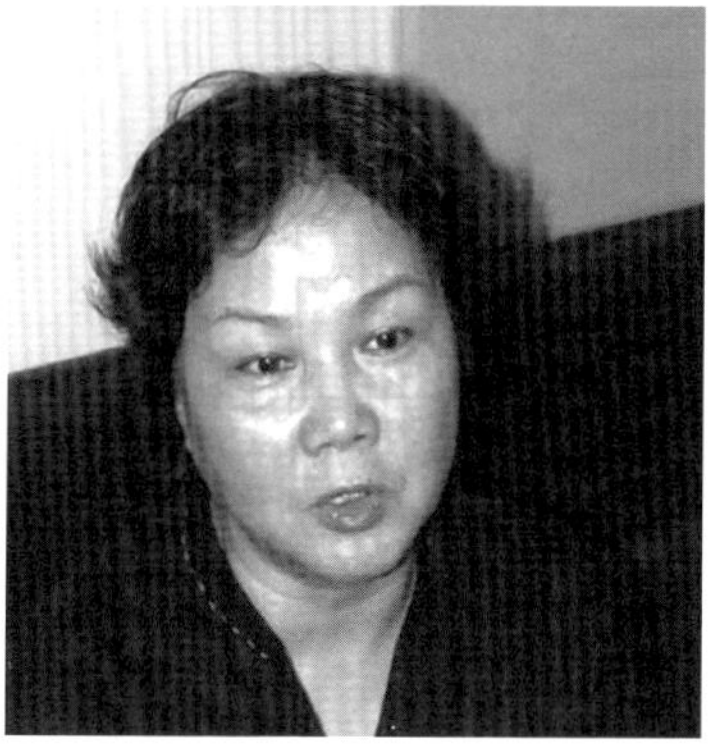

モンモンママ

日本でもそうだが、カバー曲を歌っていたのではせいぜい小銭を稼げるだけである。何とかいいオリジナル曲に巡り会えて、1曲ヒット曲が出るだけで中国ではそれで一生食っていける。「日本から凄いプロデューサーが来ているらしいからぜひ紹介してほしい」ということだったのだろう。

仕事を始めてからモンモンママがマネージャーを務めていることがわかってくる。いわゆる「ステージママ」である。当然ながら素人だし、自分達の利益しか考えないわけだから「なるほど仲間内が疎ましがるわけだ」と納得した。

北京にはこのような母娘が結構いるらしく、どれも例外なく母親が疎ましがられている。そして母親は例外なく娘をアイドルにすべく無菌状態で育てる。

他のとある歌手も同じくこのように無菌培養で母親に育てられ、二十代も後半になってやっと初恋というものを経験し、もちろんのこと母親に大反対されたという話を聞いた。まあそれもそうであろう、母親としたら娘を取られたら本当にひとりぼっちになってしまうのである。

結果その娘は思い悩んだあげく自殺してしまった……。


モンモンは私と音楽の話をしている時にこんなことを言ったことがある。

「私バラード歌えないんだよね、何が悲しいのかさっぱりわかんないし」

私はちょっと心配になってモンモンママに意見したことがある。

「プロデューサーとして失礼を承知で言わせてもらうけど、モンモンがこれほどの才能を持ちながら伸び悩んでいるのは、ひとつにはあなたが完全無菌状態で育て過ぎているところにあるんではないですか?」

彼女が歌いたいと言う「R&B」という音楽のルーツはブルースである。汚れ、傷つき、ボロボロになって搾り出すような心の悲鳴、それが美しい魂の叫びとなって歌となる。このままではそんな音楽の奥深さまでたどり着くのは無理じゃないかと思って失礼を承知でそう進言したのである。

ところがモンモンママはぴしゃりと一言こう言った。

「女の子は傷つかずに一生を終えるのが一番幸せなんです!!」

私はこの母娘の生活に逆にブルースを感じた。人間として当然味わうであろうすべてのことを捨ててまでスターになりたい、そうしてまで娘をスターにさせたい母娘……。

そんな彼女たちのために私は1曲「紅舞鞋《ホンウーシエ》（赤い靴）」というラテンの曲を書いた。一度履いたらもう脱ぐことはできない、死ぬまで踊り続けるしかない赤い靴をあなた達はもう履いてしまってるんですよ、というような曲である。

モンモンママはこれに飛びついた。素人なりにこの曲が娘の運命を変えるであろうことを感じ取ったのだろう。

レコーディングが始まった。しかしここからが大変である。1曲ぶんのレコーディング費用で何でもやらされるのだ。曲中のコンガソロを実際叩けるようにする指導とか、プロモーションビデオへの出演とか全部が全部タダなのだ。挙げ句の果てにはレコーディングで一番大事なミックスダウンという最終作業もタダでやらせようとする。

私は途中で逃げ出した。ここまでが私のもらったギャラの仕事範囲である。これ以上付き合っちゃいられない。

そうしたらモンモンママは別のスポンサーを連れてきた。その企業のタイアップ曲を作ってくれ、と。そして内緒で私にこう言い放った。

「お金引っ張ってきたからね、この曲なんてどうでもいいからやっつけで安く上げて、余った予算で紅舞鞋《ホンウーシエ》を仕上げるのよ!!」

もの凄い商売根性である。ところが世の中とは皮肉なもので、やっつけで作ったこの曲「緑色生活《リュィースァーションフオ》（グリーンライフ）」の方が中国宣伝部環境保全局が主催する十大金曲を受賞してしまったのだ。

私はこの仕事を最後にこの母娘とは縁を切った。とてもじゃないけど一緒に仕事はできない。その後しばらくこの母娘の噂も聞かなかった。

ところが数年経って意外なテレビ番組で自分の作ったこの紅舞鞋《ホンウーシエ》という曲を聞くこととなる。

≫超级女声《チャオジーニュィーション》

「ファンキー、久しぶり!! 私よ、モンモンママ!!」

忘れていた頃にモンモンのステージママ、通称モンモンママから電話がかかってきた。

「超级女声《チャオジーニューィーション》（スーパーガール）で勝ち残ってるらしいじゃない？　よかったよかった。おめでと！」

またどんな無理難題を吹っかけられるかと緊張しながら私はとりあえず和やかに挨拶を交わした。

超级女声は2004年に湖南電視台が制作して全中国で大ヒットとなったオーディション番組で、3年目となるこの年にはもうすでに社会現象のようになっていた。そのオーディションにモンモンが参加して順調に勝ち残っていることを噂に聞いていたのだ。

「それなのよ。私達は瀋陽地区から参加したんだけど、そのおかげで北京でのプロモーションがあんましできていないのよね。ちょっと協力してくれない？　何社かインタビューに行くから思いっきり褒めちぎってちょうだいね。あと、誰かロック界でモンモンを褒めちぎってくれる人紹介して」

吐きそうになった……。これだからこの人は仲間内から疎ましがられるのである。私は生返事で電話を切った。

もう十分安い金でさんざんこき使われて、紅舞鞋《ホンウーシエ》のようないい曲をプレゼントしたのだ、できればもうこの母娘には関わり合いたくないが、この曲の行く末だけは見守っていきたいと強く思っている。曲というのは自分の生み出した子供のようなものである。自分で歌が歌

红舞鞋も収録されている
艾梦萌のデビューアルバム

えない私は、自分の子供を歌手のところに里子に出したようなそんな気持ちがある。もしその歌手がその曲を歌わなくなったら、もうその子供は死んでしまったに等しい。

聞けば次の週にはいよいよその曲を歌うと言うので、私は初めて「超级女声《チャオジーニュィーション》」というテレビ番組を見ることにした。

金曜日夜8時、生放送である。番組が始まると、いきなり勝ち残っている6人で踊りを踊る。その中にモンモンの姿があった。全中国で1億人以上が見ていると言われるこのお化け番組で、最終的な6人に残っているというのは相当なものである。

6人が2人ずつのペアに分かれ、その2人が戦い、勝ち組と負け組みに分けられる。つまり第一試合は勝ち抜き線なのである。

司会者はそれぞれにインタビューし、歌う曲の名前を聞いていくのだが、モンモンがいきなり「红舞鞋《ホンウーシェ》」と言ったので私はびっくりした。

私はこの曲の爆発力をよく知っている。曲を書くことは苦手な作業だが、数年に一度ぐらいこの曲ぐらいのクオリティーの曲が降りてくる。そのすべての曲はその歌手の運命を大きく変える1曲となったり、またRunnerのように大ヒットしたりする。

言わば「最終兵器」ではないか、どうしてその最終カードを今切るのだ⁉

一緒にテレビを見ていた中国人の友人がこう解説してくれた。基本的にこのオーディションは敗者を落としていくシステムなのだ。今日はまずこの6人の中から5人を選ぶ。ということは、この第一試合に勝ち残っておくことが一番大事なことで、ここで負けたら最終兵器を出すもへったくれもなくなるのだ。

6人が2人組となって、そのうちひとりが落選するという戦いが始まる。1番バッターのモンモンの歌が始まった。久しぶりにこの曲を聞くが、何かアレンジがちと違うような気がする。よくよく聞けば伴奏はバンドによる生演奏で、そのバンドが勝手にアレンジを変えている。

「お前ら、コードまでかってに変えんなよ!!」

画面に向かって突っ込みたくなる。

私はいつの間にやら番組に引き込まれていた。

「音もちょっと外していたみたいだったし大丈夫だろうか……」

ドキドキしながら審査発表を待つ。

結果は……落選!!

最終カードを使いながら落ちてしまった!! まるでウルトラマンが最初にスペシウム光線を使って怪獣は倒れなかった!! みたいな衝撃である。

しかしこの番組はここでは終わらない。さすがは1億人以上の視聴者を釘付けにしている番組である。

敗者復活戦が始まった。

≫アイドル歌手「艾梦萌《アイ・モンモン》」

この番組は２００４年に放送開始されて瞬く間に大ヒット番組となり、翌年には中国３大乳業企業の１つである「蒙牛乳業集団」１４００万元（約３億円）で番組名に自社製品名を冠する命名権を取得し、２００５年度からその名称を自社の商品名を入れ込んだ「蒙牛酸酸乳超级女声《モンニュウスアンスアンルーチャオジーニュィーション》」と変えた。このことはタイアップ企業と番組の相乗効果により、企業側には売上3倍増のメリットを与え、この番組は1億人以上が視聴するお化け番組となり既に社会現象といえるほどになっていた。

モンモンの次の戦いは歌ではなく人気投票である。全国から携帯電話による投票、そしてそれには1票につき1元のお金がかかる。ひとり１００元払って１００票投票してもよい。人気の歌手だとひとり１０００万票集めることもあるというから、このビジネスだけでも相当なビジネスである。１０００万元というと、日本円にすると1億5千万円ほどである。その莫大な金額がこの投票時だけで動いていく。

戦いはまた勝ち残った3人の中からひとりを落とす方法で繰り広げられていく。落とせばそこに「涙」があるし、自分の応援する歌手が落とされないように何票でも投票していく……。

番組の進行がとても遅い上にCMもいたる所に入るので、番組開始から既に1時間以上経過してもまだまだモンモンの結果は出ない。私は手に汗を握りながらテレビを見つめた。

それぞれの参加歌手のイメージビデオ、ファンへのインタビュー、お涙ちょうだいのいろんな出し物の後にはまたCM、やっと敗者復活戦が始まった頃には既に番組開始から2時間以上たっていた。

モンモンが歌う。今度はミディアムテンポのダンスナンバーである。

「この娘、ちょっとココ・リーに似すぎてるなぁ……」

一緒にテレビを見ていた中国人の友人がそうつぶやく。

彼女はココ・リーに似ていることから「小ココ・リー」としていろんなイベントでココ・リーの歌を歌って生きてきた。マネージャーを務める母親と共にこれで母娘ふたりが食ってきたのである。

ココ・リーに似てるからここまでこれた。そしてココ・リーに似てるからここまでしかこれなかった。だからモンモンママは人に嫌われようがどうしようが、どんな汚い手を使っても娘を次のランクに引き上げるために彼女のオリジナル曲が欲しかった。そしてその白羽の矢が当たった私はこの母娘のために「履いたらもう脱ぐことのできずに死ぬまで踊り続ける赤い靴」という意味の「紅舞鞋《ホンウーシエ》」という曲を書いた。ところが落とされないためにその最終カードはもう切ってしまっている。彼女にはもう切るべきカードが残っていないのである。

スターになるべく無菌培養で恋もしたことない彼女には中国人が好きな甘いラブバラードを歌うことができない。失恋して何が悲しいのかなんて、恋愛なんか一度もしたこともなかった彼女には皆目理解ができないのだ。

だから最後に切るカードは彼女が今まで歌い続けてきたココ・リーの「物真似」しかなかったのである。

審査発表……。

「負けるだろうなぁ……」

私はそう思えて仕方なかった。これで勝ち残れば勝ち組、負ければ彼女がブラウン管に映ることはもうない。この母娘はこれからも決して脱ぐことのできない赤い靴を履いて死ぬまで踊り続けるのだろう……。

審査発表が始まった。

「勝者は……モンモン!!」

やったぁー!! 残ったぁ!! 私は思わずテーブルを叩いて飛び上がった。この番組はうまくできている。私がもっと彼女に思い入れがあったらきっと何百元かかっても何百票でも彼女に投票していただろう……。

結局彼女はその後も勝ち残り、最終的には第三位となってスターの仲間入りをした。

最近彼女からメールがきた。

「海南島に別荘を買ったの。カギをあげるからあなたはいつでも使っていいのよ」

今度海南島に行くチャンスがあったら遠慮なく使わせていただこう。

ロック歌手「李漠《リー・モー》」

どんな国でも、音楽をやって巨万の富を築こうと思ったらそのジャンルは「流行歌」しかない。ロックやジャズなど、その芸術性を追求した音楽は往々にしてお金にならないものである。

仕事でちょっと中国でジャズシンガーを探したことがある。

「歌が上手くてルックスもよくてジャズが歌えるシンガーいない?」

この質問に仲間内はみんなこう答えた。

「ルックスがよかったらジャズなんか歌わないよ。流行歌歌った方がお金になるじゃん」

利に聡いといわれる中国人らしい回答である。

李漠(リー・モー)

李漠《リー・モー》と初めて会った時にこの話を思い出した。女性に対して非常に失礼ではあるのだが、ロック一筋のとてもいいシンガーである彼女は、ルックス的にはあまりぱっとしなかったからだ。
もともと彼女を紹介したのは栾树《ルアン・シュー》だった。
「とてもいい歌手がいるんだけど売れ線ではない。何とかならないか」
ということで私にお鉢が回ってきたのだ。

彼女は「バンド」がやりたいということで、若手スタジオミュージシャンの中には何人か私が育てたプレイヤーがいて、彼らと一緒に「バンド」の形で私のところにやってきた。

大歓迎である。うちの貧民街にはスタジオもあるし、常駐している若いエンジニアもいるので彼に任せておけばアルバムの1枚ぐらい作ってあげることはできる。制作費はまあアルバムが発売されたらその売上の中から少しでも回収できればよい、エンジニアのいい経験になればそれでいいぐらいに考えていた。

中国の音楽界では儲かるのは歌手ばかりで裏方はまるで儲からない。権利商売が成り立たないこの国では、ライブでの演奏だけが収入なのである。バンドの場合はその収入をメンバーで分けることになる。だから本来ならばバンドは借金でもしてまずスタジオ代を私に払ってくれて、アルバムが発売されたらそれを掲げてツアーでもしてお金を稼げばいいのだが、貧乏でそんなお金なんかあるはずもない李漠《リー・モー》にそんなことを言えるわけもなく、「もしこのアルバムが少しでもお金になったら、それをバンドのメンバー4人とスタジオ合わせて5で割ろうではないか」という話にしていた。

しかしこんな大ざっぱな話はあとあとトラブルを生むのが常である。このアルバムがいざ発売となった時にそれは起きた。レコード会社はこのアルバムをバンド名義ではなく李漠《リー・モー》の個人名義で発売したのだ。

その背景にはいろんな理由がある。海賊版だらけで正規版のレコードが売れないこの国では、レコード会社はその歌手のライブ収益のパーセンテージと共に契約をする。つまり日本でいうプロダクション業務とレコード会社業務を同じ会社が執り行うのだ。ライブ収益の上がりを優先すれば、経費のかかるバンド形式よりも歌手ひとりの形式の方が上がりが大きい。カラオケ片手にひとり分の旅費で全国どこにでも稼ぎに行けるからだ。

彼女にしてみたらそのチャンスを逃したらもう一生自分のアルバムを発売することはできないかも知れないわけだから、まあその形で発売することを呑んだ彼女の背景にも同情はできる。問題はそのことをバンドのメンバーや私に一言の相談もなくことを進めたことである。

バンドのメンバーはもう諦めている、というか中国ではこんなことは日常茶飯事なのだろう。関係学《グアンシー》（コネの意味）が何よりも大切なこの国で、私や栾树《ルアン・シュー》のような業界第一線で仕事をする人間と知り合えたことや、自分の録音した音源が世に出て評価されて次の仕事につながる方がメリットだというところに考えが帰着している。

しかし私としてはどうもすっきりしないので彼女を呼び出して説教した。

「別にこれが売れなかったらそれはそれでもいい。人の恩をそうやって返して笑われてそれですむ。でも万が一売れたとしたら、すべての中国人は表面でお前のことを褒めながら、心の中でお前のことを軽蔑する。そんな人間にお前はなりたいのか？」

私とてこんなロックなアルバムがまさか売れるとは思っていない。しかしとあるきっかけで彼女は1カ月後には中国人なら知らない人はいないほどのスターになってしまうのだ。

彼女は次の日に電話をかけてきて私にこう言った。

「決めました。私は今後1年のライブの収入をバンドのメンバーと、そして条件が許せば今回録音してくれたファンキーさんところのエンジニアにPAエンジニアとして来てもらって、彼も含めてみんなで分けます」

権利ビジネスが存在しないこの国では歌手の収入源はそのライブの収入だけなので、そんなことを言い出した歌手はひとりとしていない。本当に一本一本のギャラが等分して分けられるのか、そんなめんどくさいことを一年も続けられるのかということは別にして、そのような「気持ち」が彼女にあることが非常にうれしいことなのである。

現実的にはみんなを集めて食事を御馳走して、少々のレコーディングギャラをメンバーと私に払って、握手をして別れるという形になったのだが、要は感謝の気持ちを表明して、少々でもいいからそれを形にして表すことが大事なのである。メンバーも誰しもそんな人のライブの収入の割当など当てにしていない。要は「筋を通す」ということが非常に大切なことなのである。これをこのタイミングでやっておくかおかないかで後に彼女の運命は大きく変わってくることになる。

李漠のバンドメンバーとエンジニア

李漠《リー・モー》のレコード会社の人間でもある栾树《ルアン・シュー》は、国内トップクラスの音楽家として映画音楽なども数多く手がけていたが、２００８年に北海道を舞台にして中国で大ヒットした映画「非誠勿擾《フェイチョンウーラオ》（邦題：狙った恋の落とし方）」の続編の音楽を依頼され、私はその音楽制作の手伝いもしていた。中国人の北海道旅行が大ブームとなったこの映画の続編ということで世間が最も注目しているこの映画のエンディングテーマのドラムは私が叩いた。そのレコーディングの時に聞いたのだ、このテーマソングを歌う歌手に李漠《リー・モー》を起用した、と。

シンデレラストーリーである。これだけ大きな映画のタイアップだと、映画会社や監督の意向が大きく反映されてしかるべきものなのだろうが、おそらく栾樹《ルアン・シュー》のメンツを重んじてこの無名の歌手がその大役を担うことになったのだ。

大々的な記者会見が行われた。ルックスもぱっとしない、ただロックが好きなだけの歌の上手い女性ロック歌手が、慣れないドレス姿で記者会見場に現れた。いくつもバンドを組んでは貧乏で解散した、バンドでこんな脚光を浴びることを夢見ながら、いつも夢破れてメンバーと喧嘩した。全部貧乏が悪かった。お金さえあれば、コネさえあればと思いながら憎み合わなくてもいい仲間と喧嘩してバンドを解散した。奇しくもこの日にスポットライトを浴びた彼女の後ろにはバンドはいない。カラオケに合わせながら緊張しながらこの曲を歌った。何百台のカメラがその模様を中継した。その模様は全国に生中継され、映画の映像を使ってその映画監督自らが編集したこの曲のPV映像は、どのテレビチャンネル、どのネットサイトでもそれを見ない日はない。

栾樹《ルアン・シュー》は私に電話かけてきてこう言った。

「ファンキーありがとうな、おかげで彼女のサイトは2日で一千万ヒットを超えたよ」

そのヒット数は日を追うごとに記録を更新している。

「間に合ってよかった」

私はそう思った。

バンド名義で発売される予定だった彼女のアルバムは、レコード会社の意向で彼女個人の名義になって既に発売されていたが、その後にこうして一躍スターになってしまう前に、彼女は捨てられたバンドのメンバーに筋を通すことができたのだ。スターになってから筋を通しに行くのとはニュアンスは大きく違う。同じところに住んでいる人間が精一杯の誠意を与えるのと、上に行ってしまった人間から施しをするのとは雲泥の差である。

これで私も含め、彼女の仲間たちは心から「おめでとう」と言える。友情を捨て、なりふり構わずに成功したスターもいるだろう。問題は「どこで生きているか」ということである。そこで生きていきたいならそうすればいい。でも仲間たちはそんな人に賞賛を与えない。同じように貧乏で、一緒に苦労した仲間たちが嫉妬心もなく心から賞賛するのは、彼女がどんなに成功しても「同じところに生きている」という実感があるからである。

彼女の新しい生活が始まった。それは本人が想像していたよりも辛かったようだ。数カ月後に彼女と再会して一緒に飲んだが、彼女の話を聞くにつれ自分の日本時代の生活を思い出した。

生きている場所

その日、栾树《ルアン・シュー》が所有する豪勢な乗馬クラブで彼の誕生パーティーが盛大に行われていた。懐かしい友達もたくさん来ていて、私はちょっと飲み過ぎてしまったようだ。用意されていたホットワインを飲んだら昔のことばかりが思い出されてくる。

当時、黒豹《ヘイバオ》のドラムの赵明义《ジャオ・ミンイー》にはアンディーというドイツ人の彼女がいて、彼女が私やメンバー達に作ってくれたのがホットワインだ。シナモンなど手に入らないから八角を入れてたっけ……ビールの次には白酒でイッキするしか選択肢がなかった当時の北京ではとても新鮮だった。

あの頃の黒豹《ヘイバオ》のメンバーはみんな貧乏だった。いつも安酒を煽って夢を語っていた。みんな金持ちになってしまった今、果たしてその夢は叶ったのだろうか。

ドイツに帰ってしまったアンディーが北京に戻ってきて赵明义《ジャオ・ミンイー》と再会したと聞いた。女性遍歴にも疲れ果てた赵明义《ジャオ・ミンイー》はあわやよりが戻ろうとしていた矢先、アンディーのささいな一言で大げんかになってまた別れてしまったという。

「あの頃の北京は本当によかったわよね……あの頃に戻りたい」

赵明义《ジャオ・ミンイー》は激怒してこう言った。

「あの貧乏な頃に戻れと言うのか？　中国人は豊かになってはいけないのか!!　くそっくらえだ!!」

豊かになれる者から豊かになれと鄧小平は言った。一度富を手に入れたらもう手放すことはできない。ロックの夢を語っていた若者は、今では豊かになって不動産と車と女の話しかしない。私が彼らのような高級マンションに住むこともなく、こうして貧民街に住んで貧乏なアンダーグラウンドバンドの連中と暮らしているのも、ひょっとしたらあの頃の北京を懐かしんでいるだけのことかも知れない。

著者と李漠(リー・モー)

ふと見ると、豪勢なこのパーティー会場の片隅で居場所なくちょこんと座っている人間がもうひとりいた。大ヒット映画の主題歌を歌って一夜にしてスターになったロックシンガー李漠《リー・モー》である。

呼び出してちょっとからかってみた。

「よっ!!　一夜にしてスターになった気分はどうだい!?」

しどろもどろにジョークを返す彼女を見て私は全部理解した。

「周りが突然あまりにも変わってしまって、自分の居場所がなくって困ってるんだろ」

そう言って私は彼女のグラスにホットワインを注いで

やって自分の昔話を語ってやった。

「俺が昔スターだった話、知ってるかい？　あの頃、日本ではちょうど今のお前みたいな感じだった。バンドが好きでドラムが上手くなりたいだけの人間がある日スターになっちゃって、居場所がなくって中国に逃げてきた。でもなあ、今でこそわかるんだ。スターなんて砂でできた城みたいなもんなのさ。それをみんながむしゃらに守って生きている。場違いなテレビとか毎日駆り出されるだろう？　右見ても左見ても大スターばかり。俺もあの頃は〝こんなスター達の中で何で俺がいるんだ〟と思っていた。でもそのスター達だって逆に〝すっげー!!　ロックスターが今隣にいる〟とか思ってビビっていたのさ。そんなもんなんだよ」

　彼女の表情が明るくなった。この日このパーティー会場にはたくさんのスター達がいる。私は彼らがぺーぺーの頃から一緒にいるから何とも思わないが、彼女にしてみたら「どうしてこんなところに私が……」と思うのも無理はない。

「お前はずーっとアンダーグランドの人間だった。金にもならないロックを歌っていたバンドのボーカリストだ。そして今もしょせんはそうなんだよ。そのことにコンプレックスを持っていたってしかたない。むしろそのことに胸を張れ!!　誇りに思え!!」

　彼女はニコっと笑って頷いた。そしてグラスのワインを飲み干して、昔のようにグラスを逆さにして指を立てた。私は同じようにワインを飲み干して指を立てた。

「お前は俺たちと一緒なところで生きてきた人間だ。それが何かの運命でここに来た。日本で俺がそうなった時、俺はそれに背を向けて逃げてきた。でもお前は逃げずに頑張るんだ。お前が頑張ればアンダーグラウンドの人間みんなが幸せになれる。頑張れアンダーグラウンドの星!!」

彼女は吹っ切れたようだ。セッションが始まるとスター達が歌っているマイクを奪い取って「ロック」を歌った。貧乏だったあの頃と同じ歌い方の同じ歌声である。

別れ際に彼女を抱きしめて最後にこう言った。

「お前はいつまでたっても俺たちと一緒のところにいる。お前が生きてきたところに胸を張れ!! そこにはお前の仲間と俺がいる」

長い間探していた自分の居場所がやっとわかった気がした。香川―高知―神戸―東京―北京と居場所を求めて彷徨ってきた私の人生……でも私はずっと「ここ」にいた。どんな土地に暮らそうとも、そこに「ロック」がある限りそこが私の住む場所なのだ。私が生きている場所は「ロック」の世界なんだと……。

≫天界にはたくさんの神様がいて……

私には4つ年上の姉がいた。小さい頃にはどこの家庭でもあるように小さな喧嘩をしては、負けて泣きじゃくって「お姉ちゃんなんか死ねばいいのに」と思った。

しかしそれが本当になってしまった時、私の中で「死」ということが受け入れられない何か別のものになってしまったのかも知れない……。

「お姉ちゃんは生きている。そして雲の上で自分を見ている」

そんな感覚が小さい頃から自分の中にあった。だから人生において何か選択をせねばならない時には常に波乱に富んだ方を選択するようになった。

「楽しいことも悲しいことも2倍あればよい」

まるで死んだ姉の人生の分も自分が生きなければと思っているところがあったのかも知れない……。

そんな生き方をずーっとしていると人生は本当に楽しいもので、人が経験できないようなことにも巡り会えるし、こうして本も書けるような奇異な人生になってきたりする。

音楽と共に生きるようになってからはそれが黄家駒《ホアン・ジアージュイー》になった。

「また必ず見に来るよ」と言って帰らぬ人となった彼が、どこで自分のプレイを見ているのか……そこが真っ白な気持ちのいい世界で……その世界が音楽をやる時に時々現れる「あの世界」なんだと思った時に、死んだ姉や黄家駒《ホアン・ジアージュィー》や、そしてこの本に出てくるだけでも张炬《ジャン・ジュィー》やシンシアなんかが確かにそこにいると思えてくる。

数学が好きだった私は「無限」という概念にとても興味を持ったことがある。無限の数がある部屋に無限のお客さんが入ったとしたら部屋はいくつ残ってるでしょう……答えは……「無限」。

無限＋無限＝無限

無限－無限＝無限

なのである。

天界にはきっと無限の神様がいて、そこにはテレビがある。テレビには無限のチャンネルがあって、そのひとつひとつのチャンネルには人間ひとりの人生が割り当てられている。ひとつのチャンネルには一人の人生が映し出されていて、そこではその人が主役であり、隣のチャンネルでは脇役である。

神々は無限の時間の中でその無限のチャンネルを楽しむ。ある時には私のチャンネルを見て大笑いし、またある時にはウィングのチャンネルを見て、そこで脇役として登場する私を見てまた私のチャンネルに変えたりする。

中国のチャンネルが好きな神々は、この本に出てくるいろんな人物のチャンネルに出てくる脇役の私を見て大笑いしていることだろう。

「こいつは名脇役だ」と……。

私もいつか天命を全うしてその真っ白な世界に行く時が来るとしたら、まずは自分のチャンネルのアーカイブを見て大笑いしたい。

そしてこの本に出てくるいろんな人物のチャンネルを見ながら彼らの行く末に想いを馳せたりするのだろう。

みんなの未来に幸せあれ。

そして私をとびきりのドラマチックな脇役にしてくれた中国ロックに心から感謝の気持ちを送りたい。

STORY 5 CHINESE ROCK STORY OF FUNKY SUEYOSHI

生きる場所

あとがき

高知新聞という新聞社はなかなか革新的な新聞社である。地方新聞でありながら秘密保持法について直接国会議員に大きくインタビューしたりもしていたし、何より私が２０１２年11月に発売した著作『平壌６月９日高等中学校・軽音楽部　北朝鮮ロック・プロジェクト』のインタビュー記事は、他の数多く受けたインタビューの中でも群を抜いて的を射ていた。

その記事を書いた天野記者からある日連絡が来て「ぜひファンキーさんに何か連載をしてほしい」と言われたとき、私は「じゃあ中国ロックと自分の人生について書きたい」と申し出た。私と北朝鮮との物語はこうして本になったりテレビで紹介されたりしたが、そのきっかけとなった中国との物語は、それを含めた私の著作の中で断片的に紹介されているだけなので、私はそれを集大成として書き下ろして世に残したいと思いペンを取ったのである。

この本『ファンキー末吉　中国ロックに捧げた半生』は、こうして２０１４年の2月から高知新聞にて連載されたものを加筆、編集したものである。この「中国編」の後には「北朝鮮編」となり、高知の愛読者の中には北朝鮮編とともに出版してほしいという声も大きかったが、北朝鮮編の内容は著作『平壌６月９日高等中学校・軽音楽部　北朝鮮ロック・プロジェクト』の内容と大きく重複するため、今回は中国編だけの出版とすることにした。興味のあるかたはこの本の続編としてそちらもあわせてお読みいただきたい。

この本の出版にあたって、大きな情熱で私の連載をディレクションしてくださった天野記者、掲載してくださった高知新聞、そして長きにわたって愛読してくださった高知の読者の方々に感謝の気持ちを捧げます。

2015年1月　ファンキー末吉

ファンキー末吉
中国ロックに捧げた半生

2015年2月10日　初版第一刷発行

著　者——ファンキー末吉
発行人——新本勝庸
発行所——リーブル出版
〒780-8040
高知市神田2126-1
TEL088-837-1250

装　幀——島村　学
印刷所——株式会社リーブル

ISBN 978-4-86338-104-9